叢書セミオトポス 16

日本記号学会 編

アニメ的人間

インデックスからアニメーションへ

新曜社

刊行によせて

前川　修

この特集号の元になった日本記号学会大会は、二〇一九年に早稲田大学で開催された「アニメ的人間――ホモ・アニマトゥス」[*1]だった。大会実行委員長の橋本一径氏がつけた、この、一見すると意表をつくタイトルを、どれだけの大会参加者が立ち止まって考えたのかはわからない。ただ、このタイトルは、アニメ研究という今や活況を呈している言説の場に、それとなく変化を促すようなキーワードだったかもしれないと考えている。

＊

その前に、アニメ研究が盛んな現在の状況を、私なりに門外漢の立場から（いつも断わっているが、私は写真研究者である）考えておきたいと思う。

アニメーションやアニメが学術研究の対象になってすでに久しい。かつて、三〇年余り前には、アニメを学問的に研究するなどということは、よっぽどの批評的野心を持ち、理論的スタンスの定まった人にしかできないことだった。アニメ研究を本業としているひとはごくわずかしかいなかったはずだし、最初から「アニメ研究をやります」と宣言し、そのうえでアニメ研究者として生き残るには、相当な戦略が必要だった。

こうしたかつての状況は、現在では想像できないことであろう。もちろん、海外のアート・アニ

＊1　「動かされる人間」という意味を持たせるべく付けられた大会タイトルである。

メーションをコツコツと日本に紹介する研究者はいた（し、今もいる）。さらに言えば——あくまで私見ではあるが——、自身の研究では表に出さないものの、かなりの「アニメ中毒」の研究者もかなりの数がいたはずである。しかし現在のように、人文系の研究のどの分野の人であっても自身の研究の中でアニメを大なり小なり参照するという状況は、かつてとは大きな違いである。そもそもそれは、イメージを語る言説の場の根本的な変化を示しているのかもしれない。

もちろん、一見すると、現在におけるアニメ研究の拡大はただ、従来の人文研究の裾野を拡大しているだけに思えるかもしれない。例えば、文学作品研究と同様に、アニメを作品＝テクストとして捉え、そしてその表現を精緻に分析するような研究もある。さらにそれをコンテクストに置き入れて作品と社会の関係を検討するような研究もある。あるいは、美術史研究と同様に、ある作家の全作品の表現の変遷をたどる通時的な作家研究もあれば、同時代の複数の作家の作品を比較する共時的研究もある。作家の様式論もあればモチーフのイコノグラフィもある。さらには社会学の観点から、アニメの受容、具体的にいえば、二次創作や聖地巡礼やコスプレなどの消費や行動様式をカバーする受容研究（オーディエンス研究）もある。こうして毎年のようにアニメをめぐって大部な著書や精緻な論文が大量に刊行され、発表されつづけている。人文研究はアニメを包摂するまで拡がった、そう考えるひとも多いだろう。

しかし、まずはなぜアニメがこれほどまでに研究の最前線のひとつになったのかを考える必要がある。それはたんに、クール・ジャパン的言説が寿ぐように、日本のアニメ・漫画がすごいからというわけではない。おそらく本書の各論考がその手がかりを示唆しているだろうとは思うのだが、ひとつには、メディア環境の変化がある。アニメであれ映画であれ、あるいはイメージであれテキストであれ、従来それが属していた階層的な構造が解体し、高級／低級、大作／小品、古典的／非古典的、傑作／駄作、大作家／凡庸な作家、生産者／受容者、イメージ／テクスト、そうした差異が崩れて、フラットで水平的な構造がメディア環境の特徴になっているということ、これが実は、この間の言説の場の大きな変化の要因になっているのではないか。それは安定した既存の枠組みが新たな対象を包摂したというにはとどまらない地滑り的現象なのである。

例えば、テレビ・アニメの放映がそうしたフラットな構造化の先駆けになっていたのかもしれない。三〇分の放映時間を考えてみれば、オープニングとエンディングで始まりと終わりを挟まれ、合間には数度のＣＭが挿入され（ＣＭの入りと終わりにはアイキャッチという短い映像も挿入される）、本編がいくつかに断片化されるという放映形態がある。つまり、アニメ放映は、いくつもの等価な層やレイヤーからなる重層的な構造を持っている。*2

さらに言えば、最初から部分に分解された集合体の一回三〇分ほどの長さの映像が十数回のワンクールで反復して放映される。アニメ、そしてそのシリーズ自体がいわば、フラットで等価な断片化したレイヤーの重なりなのである。なおかつそれが、番組表の中に他の番組と等価なものとしてフラットに埋め込まれていく。そしてこの、断片性と反復性と流動性を増幅したものが現在のネット配信である――そこでは時間的順序すらも断片化している。もちろんそれはアニメ放映に限った話ではない。しかし、アニメという映像は、こうした無数のイメージがうごめく生態系の中で、他のジャンルやメディアに比べ、ことのほか生命力が強い。それは、アニメ自体が、先に述べたように、断片化し、分裂し、増殖してうごめく力を帯びているからなのかもしれない。

もちろん、こうしたメディア環境をめぐる変化は、本書でたびたび言及されるメディア理論家レフ・マノヴィッチ『ニューメディアの言語』（みすず書房、二〇一三年）も述べていることである。映画とアニメーションの従来のヒエラルキー、つまりアニメーションはかつては映画の下位ジャン

*2　これは大会登壇者のひとり、石岡良治氏の別のシンポジウム（表象文化論学会第七回大会、二〇一二年七月）での言葉である。以下を参照のこと。『表象』07号（特集「アニメーションのマルチ・ユニヴァース」）、表象文化論学会、二〇一三年。

ルにすぎなかったが、それが今や逆転している。いや、そもそも映画はアニメーションの一部にすぎなかったのだ。そういう議論である。彼の議論を支えているのも、すでに述べたようなメディア環境の根本的変容である。

こうしたことを踏まえると、アニメを従来のメディア環境の中での「作品」や「テクスト」のように解釈したり、テクストとコンテクストの往還関係から考察したりするだけでは、アニメという変幻自在なもの、あるいはアニメというシステムを十分に議論できないのではないか。そもそもクールごとに大量のシリーズが放映されるアニメの群れ（参考までに二〇二一年は第一クール、第二クールともに六〇種類を超えるので、すでに上半期で一二〇〇回以上の放映になる）を、従来の文学や絵画などのメディア・システムを考察する枠組みでは処理することができないのは当然である。しかし、そうかといって、従来のようにアニメの中にヒエラルキーを導入するのもそもそも無意味である。こうしたフラットで断片的なアニメのシステム全体を同時に考えるような視点――本書の第一部の元になった大会セッションには、副題として「アニメーション・アトラスの試み」とつけられていた。そこには、そういう意図があったのかもしれない。

＊

先に挙げたマノヴィッチが十分に問うていないこと、それがアニメのシステムを考えるヒントになる。それは、いたって単純なことで、アニメーション（アニメ）が「動く」ものであり「動かす」ものだということである。そう書くと、アニメーションに詳しい人でもそうでない人でも、そんなことは分かりきっている、と言うだろう。アニメーションとは動かないものが動くこと、生命のないものに生命（アニマ）を吹き込むことを元々意味していた。そんなことは、アニメーション入門の類の本をひらけば真っ先に書いてあることだからである。

しかし、アニメーションに見られるような、動いていないものが動いていると見えること、ここには大きな飛躍が含まれている。しかもそれは依然として「謎」なのである。

例えば、映画研究者トム・ガニングは、動き（運動）という、映像を議論する際に自明なものとされ、誰もがそれ以上は掘り下げようとしない映像の特徴を焦点化している（トム・ガニング『映像が動き出すとき』みすず書房、二〇二一年）。彼はまず、クリスチャン・メッツの、現在は省みられることの少ない初期論文「映画における現実感について」（『映画における意味作用に関する試論――映画記号学の基本問題』水声社、二〇〇五年）という現象学的考察を起点にする。メッツが言うには、映画が与える運動とは、運動の表象（image of motion）ではなく、運動するイメージ（image in motion）である。私たちは映画に、運動の再現を見るのではなく、運動そのものを、運動という現実を体感するのである。しかもガニングによれば、この運動という現実をたんに「錯覚」として片付けてしまうことはできない。運動の錯覚説とは、運動するイメージを現実における運動のコピーとみなしたうえで、それを人間の不完全な知覚の結果とみなし、その生理的プロセスへと還元しがちであり、さらに言えば、そのプロセス自体が静止したイメージや安定した静態的な視点から構築されたものでしかない。だから錯覚説は、運動を捉えるのに最初から失敗してしまう。運動が「静止」のフレームを超え出てしまうものであることが、この立場からは捉えられないからである。

むしろイメージにおける運動は、現実における運動と匹敵する位置を占めるのであり、両者はどちらかがオリジナルだったりコピーであったりするような関係にはない。運動するイメージを見る際に私たちは別にそれが現実であるとは思わないにもかかわらず、否応なしに抗しがたくその運動の「現実」へと連れ去られてしまう。そして運動する映像をこのように体験することで私たちは、逆に現実における運動を鮮明に想起するようになるのである。それは、別種の運動であり、別種の現実なのである。

映像における運動は、現実における運動に対する私たちの反応を先鋭化した仕方で経験させる。それは、ただ距離を置いて眺められるものなのではなく、身体で「感じられる」ものともいうべきかもしれない。つまり運動する映像は、見る者を知覚的、認知的のみならず、生理的にも身体的にも、感情的にも内臓的にも巻き込んでいくような独特の強いイメージなのである。ガニングの、映画（モーションピクチャー）の本質は運動（モーション）だという同語反復的なテーゼが言いたいのは、こうしたことであり、さらに言えば、ここから映画を含む複数のイメージ・メディアのシステムを再考することなのである。

この論点はアニメーションを論じるにあたっても変わらない。もちろん、こうしたことを論ずるのに、初期アニメーションやアニメーションの起源にあたる数々の装置（ゾートロープやフェナキスティスコープなど）に遡る必要はない。現在においても、アニメを見る際、私たちはまず、ただ動くことに引き込まれているだけなのである。そしてこの運動や動きを中核にした、動くもの（アニメ）、動かす人（アニメーター）、動かされる人（観客）のシステムを考えることが、おそらく現在のアニメ研究には必要なのである。

この文章の最初に立ち戻れば、「アニメ的人間」という大会のタイトル、それは動いているはずのないものが動いていることに反応して動いてしまう、そういう人間の反応にもう一度照準を合わせる必要性をそれとなく語っているのである。そう私は考えている。

もちろんガニングが言うように、こうしたイメージの運動は、近代以降に始まったのであり、近代的な時間意識を前提にしている。それは機械によって正確に測定して均質化され、合理化され尽くした時空間、それを前提にした意識である。だが、そこに突如としてシステムのバグのように生じたものがイメージの運動や動きなのである。繰り返し言うように、それは謎であり、生理学的にも心理学的にも脳科学的にも解明し尽くされてはおらず、私たちはかろうじてイメージに動かされる立場からその現象学的な記述を積み重ねていくしかない、そうした難問であり現象なのである。

映画やアニメや写真という一九世紀以来のイメージ・システムを、ヒトやモノや機械が同列に入り込んだ機械状のネットワークやアレンジメントとみなしてみよう。そうしたイメージのシステムやプログラムには時としてバグが生じるし、なおかつそうしたシステムが新たに別のシステムに移行する際にもバグが生じる。イメージにおける運動とはそもそも近代において生じたそうしたバグだったのかもしれない。動きや運動とは、従来のシステムを超え出てしまう特異なもの＝バグである。それは、既存のシステムを説明する際に動員されるような数々の二項対立（例えば、主体と客体、生命と非生命、静止と運動、現実と表象）からは漏れでてしまうようなものであるに違いない。アニマという、アニメ研究では誰もが分かりきったこととみなし、それ以上掘り下げることのない、それにもかかわらず誰もそれを請けだそうとしない言葉も、実は動きをめぐる謎を考えることを停止するためのお札のようなものなのである。

私たちに必要なのは、この謎を謎として取り戻すこと、動き＝アニマに、それをイメージ・システムの中心にある問題として執拗にアプローチしてみることなのではないだろうか。それが、アニメに突き動かされてうごめく「アニメ的人間」がとりもどすべき、もうひとつのアニマではないだろうか。

アニメ的人間——インデックスからアニメーションへ＊目次

第Ⅲ部　アニメーションはアニミズムか？

第Ⅳ部　記号論の諸相

装幀——岡澤理奈事務所

はじめに　インデックスからアニメーションへ

橋本一径

アニミズムは回帰する。自然や人工の事物を命あるものとみなす心性を「原始的」とみなした一九世紀の哲学者や人類学者は、そうした心性が時として西洋文明の中にも蘇ることがあるとして、言わば警鐘を鳴らしていた。文明の「幼年時代」を意味するそのような心性を西洋において露わにするのは、当然ながら子どもたちの場合が多いが、エドワード・B・タイラーによれば、「文明を習得したヨーロッパの成人であっても」、こうした心性を発露させてしまうことがあるのだという。歴史家ジョージ・グロートの著作に依拠しながら、タイラーは次のように述べる。

子どもにとっては、椅子や木片、木馬等は看護師や子ども、仔猫等と同じように人格的意志をもって行動しているように見える。〔中略〕このような子どもの考え方は、きわめて原始的なものであるので、教育を受ける過程で取り除かれなければならない。しかしグロート氏が適切に述べているように、文明を習得したヨーロッパの成人であっても、「瞬間的な激情の力が後天的に身につけた習慣に取って代わることも少なくない。聡明な人間でさえも、痛さにもだえ苦しんでいるときに、その苦しみの原因となった生命のない物体を蹴ったり叩いたりしてしまうことがある」。[*1]

*1　エドワード・T・タイラー『原始文化（上）』松村一男監訳、奥山倫明・奥山史亮・長谷千代子・堀雅彦訳、国書刊行会、二〇一九年、三五九頁。

たとえばタンスの角などにつま先をぶつけて、痛みのあまり思わずそのタンスを罵ったり蹴り返したりしてしまうときに、その人はアニミズムに囚われている。このようにアニミズムは、「聡明な人間」であっても、不慮の事故などに際して回帰する恐れがある。要するに西洋においてアニミズムの回帰は、災厄であり、禍々しいものであり、招かれざるものである。このことは、一九世紀後半に欧米において興隆し、タイラーによってやはり「思考の古層」*2の復活であるとみなされた、心霊主義の実践においても、同様であったようだ。問題となるのは写真を用いた心霊主義の実験である。フランスで軍人としてのキャリアをまっとうした後、心霊主義に傾倒したアルベール・ド・ロシャは、一八九二年から一八九三年にかけて、「感覚写真」と呼ばれる実験に着手する。写真が感覚を持ちうるかどうかを検証したロシャの実験は、写真に文字通り「命を吹き込む（animate）」ことを目指したものだった。一八九二年八月に行われた実験の模様は、以下のようなものであった。

一八九二年八月二日。リュクス夫人臨席のもと、七月三〇日に〔…〕現像されたプレートの感度を実験した。一枚目は何ももたらさず、二枚目はきわめてわずかだった。三枚目は初日と同様の感度だった。この三枚目のプレートの感度がどれほどのものか確かめるために、ゼラチンブロマイドの層を突き破るくらいに、手の像をピンで二突きした。リュクス夫人は私から二メートル離れたところにいて、私がどの部位を突いたのかを見ることはできなかったが、すぐに痙攣をおこし、苦痛の叫び声をあげた。彼女を正気に戻らせるのは一苦労だった。彼女は手を痛がり、数秒後、私が写真でつついたほうの手である右手に、赤い二つの痣ができた。それは

*2 同上、一七八頁。

突いた場所に対応していた[*3]。

リュクス夫人の写ったポートレート写真に、ロシャがピンを突き刺すと、現実のリュクス夫人が悲鳴を上げ、写真で突かれたのと同じ場所に痣ができた。ここで問題にしたいのは実験の真偽ではなく、ロシャが写真の「感覚」を確かめようとしたとき、なぜ彼は藁人形に五寸釘を打ち込むかのような暴力的な手段を取ろうとしたのかということである。ただ写真に息を吹きかけたり、軽く撫でたりするだけでは刺激が不足だということなのだろうか。こうした暴力的な傾向は、ロシャの実験と同時期に発表された、ジュール・レルミナによる短編小説『呪師』において、より顕著である。レルミナが語るのは、特殊な呪術を操る男が、元恋人に婚約を破棄された腹いせに、その元恋人の写真をナイフで一突きして、殺してしまう物語である。以下はこの男が写真にとどめを刺そうとする、クライマックスの場面だ。

死んだように見えるこの像と、あちらで生きている存在との間に、切れることのない絆が存在し……一方から他方へと、たくさんの線が、電線のネットワークのように存続している……そして私が写真を叩き、傷つけ、引き裂くと、殴打や傷や引き裂きが、電報の信号のように、電話の声のように、生きている者に襲いかかる……自分ではなぜ苦しみ、もがき、死ぬのかわからぬままに……。そうとも、この写真とともに私は貴様のカミーユの生殺与奪権を握っていて、それを行使してやろうというわけさ[*4]。

二次元の小さなイメージにすぎない写真の中の人やモノが、あたかも生きているかのように、感

＊3　Albert de Rochas, *L'extériorisation de la sensibilité*, 2e édition, Paris, Chamuel, 1895, pp. 103-104.

＊4　Jules Lermina, *L'Envoiteur* [1892], in Ida Merello (éd.), *Contes de l'impossible (1889-1894)*, Slatkine, 1989, p. 122.

覚を持ったり動いたりするのは、必ずしも災いであるどころか、むしろ喜ばしい出来事にさえなりうるはずではないだろうか。ところがロシャやレルミナは、せっかく写真に吹き込まれた命の息の根を止めるかのように、そこにピンやナイフを突き刺してしまう。おそらく彼らは、写真に宿った命を、現実の被写体と結びつけずにはいられなかったのである。ピンやナイフは、被写体を指し示す矢印のように写真を貫くと同時に、そこに宿った命にとどめを刺す。問い直されるべきなのはつまり、写真というメディアの本質であるとみなされることもある、インデックス性と呼ばれる、写真と被写体との物理的な関係である。

インデックスという言葉こそ用いていないにせよ、ロラン・バルトもまた、被写体との物理的な結びつきこそが写真の本質であると考えていた論者である。バルト曰く、「写真とは文字通り指向対象から発出したものである」[*5]。そうであるが故にバルトは、写真と死が根源的な関係で結ばれているとも考えていた。バルトによれば、写真に写る人物が、かつてそこに確実に存在したことは、否定し得ない事実である。かつてそこにいた人物は、今はすでに死んでいるかもしれないし、生きていたとしても、確実に死へと近づいていることだろう。このように写真は、被写体とのインデックス的な結びつきを前提にするからこそ、死の影をまとうことにもなる。だが、写真の中の人物を、かつて現実にいたかもしれない人物と結びつけることなく、あたかも生きているかのように愛でることは不可能なのだろうか。昆虫標本に突き刺さったピンのような、インデックスの矢印を抜き去って、イメージの羽に再び揺動を取り戻させることはできないのだろうか。

アクセサリーに組み込まれて身につけられた発明当初から、ケータイの待ち受け画面となった現代に至るまで、写真がフェティシズム的な愛着の対象とされてきた例には事欠かない。写真に向かって微笑みかけたり話しかけたり、といった経験を、誰にでも身に覚えがあるとまで言うのは大げ

＊5　ロラン・バルト『明るい部屋』花輪光訳、みすず書房、一九八五年、九九頁。

さであるのかもしれないが、たとえば古いアルバムをゴミと一緒に気安く処分することには、ためらいを覚える人が多いからこそ、「写真供養」のようなサービスを提供する神社仏閣の類が数多く存在するのだろう。写真とは、すでに「幼年時代」を脱したはずの現代社会に、事故のように回帰したアニミズムである。しかし幸福な事故ともなり得たはずのこの回帰は、被写体とのインデックス的な結びつきに還元されることで、死の影を引きずった、禍々しいものと化す。以後、写真が生きているとすれば、それは単に被写体がかつて生きていたからにすぎなくなるだろう。

　このようなインデックスの軛《くびき》から、イメージの生命を解放することが急務であるように思われるのは、ＳＮＳの興隆などによって、インデックスの矢印により指し示されるはずの「指向対象」を失ったイメージが、ますます数を増やしているからである。ＳＮＳ上にはすでに亡くなった人々のアカウントが増殖を続けており、そうした「友達」から「誕生日」のお知らせが届くなどということは、もはや日常茶飯事だろう。あるいは年末の歌番組で、物故した大物歌手の姿をＡＩ技術により再現した映像と歌声が物議を醸したのは、記憶に新しい。イメージの生命を現実のそれと結びつけることに慣れきった私たちは、インデックスの指し示す先がすでにこの世にいないはずなのに、映像だけが色褪せることなくいつまでも残り続けるというズレがますます拡大するのを、どこまで耐えることができるのだろうか。イメージの生命を、「指向対象」から切り離して考察すべき時期に、私たちは差しかかっているのではないだろうか。

　「インデックスの芸術」であった映画が、デジタルの興隆により「アニメーションの特殊なケース」[*6]になったとするレフ・マノヴィッチの指摘は、デジタルによって撮影された映像が、素材としていくらでも加工されるメディアとなったことに着目した、あくまで技術上の問題提起であった。マノヴィッチの跡づけたような、インデックスからアニメーションへの移行を、イメージの作り手

＊6　レフ・マノヴィッチ『ニューメディアの言語』堀潤之訳、みすず書房、二〇一三年、四一三頁。

の側からだけでなく、イメージを観る側の問題としても、捉え直す必要がある。本書『アニメ的人間――インデックスからアニメーションへ』に収録されている論考は、いわゆる狭義の「アニメ」を扱ったものが大半であるが、そこで問われているのはいずれも、イメージと観る者との間には、どのような関係が結ばれうるのかについての、より広範な問いである。そこではイメージが、動画であるか否かにかかわらず、現実の「指示対象」と関係を持つか否かにかかわらず、観る者の目の前で、独自の生命の躍動を始めることだろう。かつてロラン・バルトは、写真において問われるべきなのは、「「死」と新しい映像との人類学的関係」[*7]であると述べた。今こそ問われるべきなのは、「生命」と映像との、新しい人類学的関係である。

*7　ロラン・バルト、前掲書、一一四頁。

第I部

アニメーション・アトラスの試み

anime/animation における原形質性の再考察
――アニメーションにおける anima 概念は有効であり得るか？

小山昌宏

はじめに

アニメーションの語源はアニマとされ、アニミズムと関連した言葉であることはよく知られている。しかし、その語彙の関係性が、どのような意味の範囲と深さをもつものなのかは今なお定かではない。むしろその関係性については疑念がもたれているのが現状である。そこで本論は日本のアニメーション、すなわち「アニメ」が、アニメーションの技術史においてどのような布置にあるのか、まずその検討を通し anima と animation の語彙の関係性を明らかにすることを目的とする。それはまずアニメーションの原義、アニメーションとアニメをめぐる「原形質」概念について考察をおこない、次にアニメーションとアニメの生命原理、運動原理、表象原理の違いから、そこに現代アニメーションの分岐、いわゆるシネマティズムとアニメティズムの差異の根拠を見いだし、anima、animation、anime の機能的役割を割りだすものとなる。さらに、アニメ映像に現象する輪郭、テクスチュア、形象について考察をおこなうことにより、原形質性をともなったアニメーションの生命情報がいかにアニメ作品に描出されるのか、その過程をアニメーション映像の生態として論述する。

以上の構成を通して、本論はさまざまな概念規定がなされるアニメーション、アニメの用語の意味づけにおいてanimaの価値付けを試みるものとなる。

1 アニマ（anima）とは何か？

アニマは西洋諸学問の系譜において、原義的には霊的存在を示し、それは霊魂（soul）、死霊（ghost）、精霊（spirit）、悪魔・悪鬼（demon）、神格（deity）、神（god）などと関連付けて論じられている。とりわけアニマはアニミズムとの関連かE・B・タイラー（1871）においては、ゲオルグ・シュタールの生気論に基づき、人間、動植物、無生物などすべてのものに霊魂が認められると見なす信仰を派生し、宿主の生命活動の原動力をもたらす源基的な存在として規定されている。またR・R・マレット（1909）によれば、それはアニミズムの前提となる「非人格的な力」への信仰（マナイズム）がアニマティズム、すなわちすべてのものに「生命」が宿る「聖なるもの」への畏敬の念をもたらすものとされる。[*1]

こうしたアニミズムの定義について、デスコーラ（1996）は、自然そのものに人間的、社会的性質を付与することによりアニミズムを社会的役割から見直すことが可能であり、自然と人間との間には断絶はなく、社会的連続性をみいだせるものとした。またヴィヴェイロス・デ・カストロ（1998）は、人間は、人間を人間として、動物を動物として、また霊魂を霊魂としてみる前提を暗黙裏に共有しているために、動物や霊魂が捕食者として人間を獲物と見る視点、本来、獲物であるはずの動物側が霊魂や人間を被捕食体として見る他視点性が、人間には欠けていることを指摘し、その多視点的姿勢をパースペクティヴィズムと命名した。さらにラトゥール（2005）は、自然‐文

＊1　廣松渉ほか編『岩波 哲学・思想辞典』岩波書店、一九九八年、二七頁。

化の一元論を説き、近代の指向性は「自然／文化」の二分法によって支えられてきたが、現実として世界は「縫い目のない布地」＝「自然－文化」の連続性を有すると、その近代的価値観の乗り越えを提唱している。*2

こうした論者の定義を前提にして、アニメーションをアニマ的観点から検討するためには、まずanimaそのものを超越論的な概念とみるのか、はたまた物質に内在し、生命活動を活性化する初動原理とみなすのかについて考察しなければならなくなるだろう。

2　アリストテレスのアニマ論

アニマに関する思考を深めたアリストテレスは、霊魂（anima）を実体（本質）ととらえ、物体とは異なる現実態としてその存在について考察をおこなった。それは人間の能力、活動そのものであり、生命維持を可能にする自然的物体としての現実態であり、自然的・有機的（有器官的）物体の第一の現実態であると定義づけた。霊魂の能力には栄養摂取・生殖の能力、感覚能力（欲求・移動・表象）、知性があり、霊魂の質的階層は植物による栄養摂取能力、それを包括する動物による感覚能力、さらに人間の知性へと上昇する能力を有するものと意味づけた。*3 プラトンが霊魂について肉体を離れて存在する駆動因との解釈をなしたのに対し、アリストテレスは霊魂を身体の現実態、すなわち形相としてとらえ、それを能動知性（すべてのものの創造）と可能知性（すべてのものの生成）の原理とした。これは現在のアニメーションにおけるアニマ概念からみた場合、animaは動く絵のなかに予め内在していると考えられるため、アリストテレスの説はプラトンの超越論的前提を創造と生成の原理として把握し直し、常に物質（原画―動画―フィルム）とのかかわりにお

*2　Bruno Latour. *Reassembling the social An introduction to Actor-Network-Theory*, Oxford university press, 2005, p. 71.（ブルーノ・ラトゥール『科学論の実在――パンドラの希望』川崎勝・平川秀幸訳、産業図書、二〇〇七年、三九五頁。）

*3　アリストテレス『魂について／自然学小論集』アリストテレス全集第七巻、中畑正志訳、岩波書店、二〇一四年、六九―八六頁。茶谷直人「アリストテレスの魂部分論についての一つの視点――『デ・アニマ』と『ニコマコス倫理学』」『神戸大学文学部紀要』三八号、二〇一一年、三一―五頁。

いて、動く絵としての映像の機能を解明する手立てを得られる可能性があると読み替えることも可能である。

1　アニマ論の展開

能動知性の在処をめぐっては西洋哲学において様々な知見が踏まえられている。大別すればそれは人間を超越する場に存在する単一の非物体的存在（離在説＝外在説）として、次に人間の霊魂の一部にあるもの（内在説）とみなされている。両説から導き出される能動知性の意味の違いは、それが不動の動者（思惟の思惟＝神）に属するものか、神の流出を受容する天使（神ではない存在：人間の上位概念）によりもたらされるのかの違いとなる。そこには能動知性離在説と照明説的認識論の接合、すなわち能動知性が人間には離在しているために、神による照明が人間の上位の知性による照射として機能するものと判断される。[*4] こうしてはじめて人間は、能動知性を感覚的認識から理性的認識にいたるプロセスの始動因として得ることが可能になるのである。それはまた、能動知性の基幹となるanimaの働きにより可知形象の発生を促し、対象世界が感覚により受容されることにより、それは可感的対象となり、次に共通感覚から発する想像力を介して、知性による抽象的な対象世界の認知形成、すなわち可知形象の発現にいたる過程を得ることになる。

なお可知形象については、プラトンが形相は質料なしに自存することから、形相が諸物の質料に先立ち存在する原理的なイデア論に立つのに対し、アヴィセンナは第一知性が離在知性（人間の能力を超えた純粋知性）を発し、続いて霊魂（可知的形象）、物体的質料（可感的形相）を生む段階説に立つ。またアヴェロエスは、アリストテレスの知性論に反対し、知性は万人において能動知性も可能知性も単一であり、知性は個人の霊魂に属さずとする単一説／離在説に立ったが、ここでは

＊4　川添信介「神の照明と人間の知性――トマス・アクィナスとボナヴェントゥラの場合」『人文研究』三九（一二）、大阪市立大学文学部、一九八七年、七五―九六頁。

animaについてアリストテレス的な形相‐質料関係を引き継いだトマス・アクィナスに基づき意味づけをおこなう。

2　アニメーションにおける「アニマ」の原理的課題

トマス・アクィナスは、こうした諸説を統合するため、あらたな考えをはりめぐらせた。それは能動的知性(intellectus agens)の働きにより、表象内容たるイメージ(phantasma)から共通感覚と想像力に基づく知性、すなわち可知的形象(species intelligibilis)が抽象され、それを経た後に可能的知性(現実態)が生成され印象的形象(species impressa)が賦与される過程を育むものとされた。そして最終的にトマスは精神の働きたる表現的形象(species expressa)が人間的知性の転位的現象として顕れる過程を構想した。それは能動知性内在説であったが、人間の知性は生得の概念を有さないspecies = eidosとして、あくまでも神による照明を前提とするものであった[*5]。

このようにアニメーションの原義とされるanimaはトマスにおいて単なる物質に内在し、物体を活性させる生命原理ではなく、人間の知性を発動する能力として理解されている。重要なことは、それが世界(物質)とのかかわりにおいて対象世界に及ぶ人間知性発動の引き金であることである。それはanimaがアニメーション論において、常にアニミズムとセットで論じ続けられていること、すなわちアニマが森羅万象に内在し、物体を動かし諸現象を生み出す原理として作用しているとの通説、つまり生命原理とその運動原理から、そうした機能が憶測され続けてきたことと対照的な関係が成立しているということである[*6]。そこで我々はこうした思考からいったん離れ、アニマとアニミズムを切り離し、まずanimaそのものの働きを再検討することが必要になる。それは対象に対するプラトン的イデアの内在についてではなく、知性の働きとしてのanimaを再解釈す

*5　加藤雅人『意味論の内と外――アクィナス　言語分析　メレオロジー』関西大学出版部、二〇一九年、一七七―一八一頁。桑原直己「トマス・アクィナスにおける「能動知性」と「個としての人間」」『哲学』四七、日本哲学会、一九九六年、二〇〇―二〇二頁。

*6　横田正夫・小出正志・池田宏『アニメーションの事典』(朝倉書店、二〇一二年、二五頁)において、小出正志はアニメーションの動きが主に静物(無生物)を動かす(生命化する)ことによって成り立つとすれば、それはアニミズムとも無縁ではないものの、アニメーションとアニミズムが安易に結びつけられることにより、無批判に静物(無生物)の動きをアニメーションと結びつける態度こそが問題であるとする。また増田展大は「原形質のメディア考古学――エミール・コール『楽しい細菌』をめぐって」(『美学芸術学論集一〇』神戸大学文学部芸術学研究室、二〇一四年、三五頁)において、実写とアニメーションのメディウム特性について視覚技術

ることの重要性を導くものとなる。そこではアニメーションの運動について、物体に内在するアニマの運動としてのみ把握するのではなく、アニメーションの創造と生成、すなわち離在化する能動知性（すべてのものをつくる）と可能知性（すべてのものになる）の関係性から、我々の感性と知性の連携運動（表象原理）として再解釈することが課題となるのである。

3　日本におけるアニメーション概念の受容

さて、前節の課題をすすめる前に、ここでは日本におけるアニメーション概念の受容について予備知識を得ておく。西村（二〇一八）によれば戦前の日本においてアニメーションは古くは「凸坊新画帖」（一九一〇：第五福宝館で上映）と呼ばれ、次に「線画」（線映画・線画映画）、「線画トリック」、「線画喜劇」などと名付けられたが、それらはすべて「漫画映画」以前の名称であった。漫画映画の概念の発生とともにそれは、「影画映画」、「人形映画」などとも呼称されるようになり、その概念規定にはコマ撮りによらない作品も含まれていた。この日本独自の概念は、さらに実写とコマ撮りの区別がない「絶対映画」、初のコマ撮り作品を示す名称となる「描画」（内務省警保局の検閲用語）、描画を言い換えた「動画」（政岡憲三の造語：一九三三〜）、コマ撮り技術を含む特殊撮影技術である「特殊映画」（映画法施行規則：一九四〇）などを生み出した。

ここで、とりわけ重要なことは政岡が「動画」概念をつくりだした翌年、一九三四年に「アニメション」概念が導入されたことである。それは静止物の運動、静止画の運動のコマ撮り（frame by frame）を基本とする「アニメイション」（一九四三）概念として定着するが、現在のアニメーション概念である最低必要条件としてのコマ撮り（映像運動の技術的前提）が前提とされていることはいうまでもない。さらに、アニメーション概念の導入とともに、その語源となるanimaが静止

のあり方から「没入」と「投射」の観点を考察し直し、アニメーションをいたずらにアニマという語源に遡らせることのリスクを指摘する。本論はこうした批判的言説を前提にしつつ、あえてリスクを冒していることになる。

物、静止画を動かす魂、すなわち原動力そのものを指し、また animism がアニメーション世界において表現される人間、動植物、無生物に宿り、その世界を躍動させる原理として想定されたことも重要である。[*7] しかし、今日こうしたアニメーション概念、その前提としての anima、animism 概念は、前提であるが故に、再考を余儀なくされる時期にあることもまた理解できる。

3 アニマの展開形としての「原形質論」

アニメーション概念にかかわる anima、animism の用語について再検討をおこなう上で、重要視されている概念に「原形質性（plasmaticness）」がある。それは登場人物の身体形象が可塑的に変容する様子、またはその変容を生み出す能力である。今井（二〇〇九）は『エイゼンシュテイン・オン・ディズニー』（一九四一）の解題でディズニー作品に、①ファンタジー：合理主義が退けてきた「感覚的な思考」を蘇らせる作用、②トーテミズム：人間と動物を区別せず「擬人」として機能、③アニミズム：生物と無生物の区別なく万物の霊魂が宿る〈前論理的で感覚的な思考〉を喚起する諸性質を見いだした上で、原形質性とは人間、動物、植物、無生物の性質が溶け合った無象の形質であり、それは理性的に理解されるものではなく、直感的に知覚されるもの、すなわち理性から解放されて論理と合理を一時的に「忘却」させる働きがあることを説いた。またそうした性質はすべての存在が原形質的な運動を含みうる形質の揺動をともなっていることを視聴者が感じ取り、経験することによる快感を生み出すものとした。それはいうならば、純粋で理想的な原形質として現象するゆらめく炎のうちに不定形に明滅する形態のイメージ（形象）を生成する吸引力的な快楽である。[*8]

＊7　Alan Cholodenko. "Introduction", *The Illusion of Life: Essays onAnimation*. Sydney: Power Publications. 1911, pp. 9-36 を例に増田展大は、アニメーション作品に原形質的な形象を探す作業がアニメーションのメディウム特性についてアニミズム的な性格を帯びるものとして固定化されるリスクとなると批判をしている。

＊8　今井隆介「〈原形質〉の吸引力──エイゼンシュテインの漫画アニメーション理論」『アニメーションの映画学』加藤幹郎編、臨川書店、二〇〇九年、四二―四四頁。

また土居（二〇〇九）は原形質性について以下、四点の整理をおこなっている。①ディズニー作品の原形質性の本質はキャラクターの単なる可塑性（収縮と変形）であり、②その原形質性は物語の夢を謳いながら、かえってキャラクターの置かれた現実性を固定し強調する。③その擬人化はそのファンタジー世界に反し、キャラクターも実際の生きものと変わらない存在であることを暴露する。本来の原形質性は、④硬直した現実を柔らかく変容させる力を有するものである。[*9]

このように今井は映像に潜む原形質性に快楽の作用をみいだし、土居は私たちの硬直した理性を解きほぐすその現実変容の作用に注目することで、anima の用語は一切用いられていないにもかかわらず、原形質性が映像のうちなる anima を animism へと活性する媒質性を帯びている可能性を示すものであることがわかる。

*9　土居伸彰「柔らかな世界──ライアン・ラーキン、そしてアニメーションの原形質的な可能性について」『アニメーションの映画学』加藤幹郎編、臨川書店、二〇〇九年、八二─八七頁。

1　anima と plasmaticness（原形質性）

アニメーション映像がもたらす物理的運動による被写体の可塑性のみならず、こうした映像表象を受容する視聴者の感覚、知覚、精神の働きとして anima を再考すると、原形質性は今井が定める「快楽性」と土居が基礎づける「理性の嚆矢」、すなわち anima の第三性である表象原理として機能していることがわかる。土居（二〇一六）はまたエイゼンシュテインの原形質についての解題において、原形質性は、一度定められれば永久に固定される形状の拘束の拒絶、硬直化からの解放であり、形態がダイナミックにいかなる形状をも取りうる能力とさだめている。[*10] これは生命原理としての anima が運動原理として機能する際にみいだされる原形質性、すなわちその表象原理を言い当てたものであるが、トマス・アクィナスの考えに対応させれば、それはすべてのものを創造する能動的知性の働きによりみいだされるものになる。土居は原形質についてさらに以下の定義をお

*10　土居伸彰『個人的なハーモニー──ノルシュテインと現代アニメーション』フィルムアート社、二〇一六年、一八七─一九〇頁。

こなっている。[*11]

①ドローイングの能力：いかなる形状をも取りうるその性質によって、現実が課してくる永続的な拘束を拒絶する力。

②原形質性：ドローイング自体を自由に動き回らせない能力、精神の働きによる統制力。

③メタファーの移転：観客の意識のなかに生まれる、具体的なかたちをもたない抽象的な「メタファー」を流転させる能力。

④イメージの次元：原形質的な能力を持つアニメーションは、目の前で展開するイメージがどのような現実の次元に属するものなのか、作品を観る際の地盤を常に揺るがす力。

これらの定義を、またトマスの定義に鑑みると、③がすべてのものを生成する可能的知性にあたり、④が表現的形象にともなう抽象的な人間的知性の発動と重なる。それはドローイングによるフォルムの運動レベルが、視聴者の現実性（物質性：マテリアリティ）に仮想性（抽象性：アブストラクション）を継起させ、そこにイメージの往還（ゆらぎ）をもたらすanimaの原初的な役割を機能させる原理となる。[*12]

2 anima、animation、plasmaticnessの原理

アニマと原形質性（plasmaticness）の関係性がこのように意味づけられると、anima、animation、plasmaticnessの関係も一連のものとなる。animaは霊魂そのものであるが、それは身体の現実態であり、形相を縁取る力を有し、animationは制止物、静止画の運動そのものであり、それはフィルムとのかかわりからコマ撮り（frame by frame）の技術により定義付けされ、その映像の運動は視聴者に具象と抽象のイメージの運動を呼び覚ますことができる。いわば原形質性は

*11 同上、三二七—三二八頁。

*12 大石雅彦は『エイゼンシテイン・メソッド——イメージの工学』（平凡社、二〇一五年、三四四—三五〇頁）において、エイゼンシュテインがその原形質概念に先駆けて、ディズニー・アニメーションにおけるanimaが原形質流動を起こすことによりアニミズム、トーテミズム的性質を持ちうること、すなわちanimaは人間の手による生きたドローイングを得て、その情動により魂を付与されキャラクターナイズされた動物（キャラクター）になり、さらにanimaが特定の動物に特別な価値をみいだすトーテミズムを生み出していると述べる。例えばここではanimaの運動は原形質の運動によりメタファー（強い波頭）が生きているかのようにメタモルフォーゼス（グローブ）する。

animaがanimationになる保証を与える媒質的機能性であり、先述のとおりそれは可塑性によるフォルムの変化の起点となり、イメージの揺動による抽象性の喚起をもたらし、現実性と抽象性の往還（ゆらぎ）を視聴者にもたらす力となる。

こうした原形質性の機能はanima、animationの原理の再認識を促す。原形質性について先述の理解に沿って考えれば、アニマは人物に命を吹き込み、生きて活動するもの（the animate）を支える本源的な生命原理であり、アニメーションは、映像世界そのものを躍動させる知覚現象を創出する運動原理をそなえ、原形質性はアニメーションの映像現象を視聴者の心的イメージと重ねあわせ、具象と抽象の映像イメージを生み出す表象原理となる。前者はアニメーション・メディアを成立させる設定としてのanimaであり、次者はアニメーションそのものを成立させる運動としてのanimaであり、後者は視聴者にあらたな心的イメージをもたらす意識・無意識としてのanimaとなる。いわばそれら三者は、animaが原理であれば、animationが物理、plasmaticnessが心理を担うことになる。そしてanimaはこの二者との関係において視聴者の生理に依拠することになる。

このようにアニメーションに関する広義の定義をおこなうと、以下のアニメーションの段階的定義が導きだされることになる。

①anima-animation：絵が動く＝キャラクターが生き生き動き、背景がそれを支える。

②animation-plasmaticness：絵が語る＝映像イメージが心的イメージと重なり、両者のイメージの間のズレによる揺らぎが視聴者に喚起される。

③anima-animation-plasmaticness：絵が生まれる＝鑑賞時、映像どおりのイメージが薄れ、キャラクター、映像世界そのものに、新たな心的イメージがリリースされる。

3　animation と anime の共通原理

原理的にみればアニメは間違いなくアニメーションであり、anima はその共通原理として映像に内在すると仮定されることはたやすく理解できる。またそれを映像の作動原理、構造原理としてみた場合、両者は運動原理としての animation として機能していることも、あながち間違いでないことが理解される。さらに表象原理としての plasmaticness はディズニーの一二の映像原則の上に現出しており[*13]、animation がその質的保証を得るために原形質性の機能が担保されていることはいうまでもない。

それでは animation と anime に違いがあるとするとそれは何であろうか。日本的アニメーション現象としてのアニメについて考えた場合、それは間違いなく「動かす喜び」（大塚康生）を前提とした「止める喜び」（出崎統）であることがわかる。むしろアニメの本質は、動く絵をいかに止めるかに見いだされるだろう[*14]。ここではトーマス・ラマールの議論がその答えを導くのに有用である。ラマールは宮崎駿をはじめとする「アニメ」について、その様式をシネマティズムとアニメティズムに分類している。シネマティズムは以下の様式をそなえている[*15]。

①形式：ディズニー的な映像法則に依拠する。②運動：キャラクターによる主体的運動に依拠し「動きが止る」自然法則的な身体性を備えている。③構成：マルチプレーン・カメラシステムによる奥行きを実現し、閉じたコンポジティングを可能にしている。④技術：機械装置による映像創造をおこなう。

次にアニメティズムは以下の様式をからなる。①形式：宮崎アニメ的な映像法則に依拠する。②運動：レイヤー構造による相対的運動に依拠し、「動きが止められる」反重力的身体性を備えている。③構成：密着マルチの横滑り作用により独自の立体像を実現することにより開いたコンポジテ

＊13　フランク・トーマス、オーリー・ジョンストン『Disney Animation The Illusion of Life——生命を吹き込む魔法』スタジオジブリ訳、徳間書店、二〇〇二年、五一—七三頁。

＊14　出崎統は「止め絵」について、絵画的な絵で描きこむ「ハーモニー」の手法が、スローモーションによる凝縮された人生の時間を一瞬、その瞬間の美に生が充溢するさまを視聴者に感じさせる効果をもつとする。しかしその効果は、その瞬間が過ぎれば未来はどうなるかわからない不安が待ちかまえている、だからこそその世界の美しさを感じることができると述べている。出崎統・杉野昭夫『アニメーション製作技法——「4701 白鯨」を創る』創芸社、一九九四年、一一〇、一三六頁。

＊15　トーマス・ラマール『アニメマシーン——グローバル・メディアとしての日本アニメーション』藤木秀朗・大崎晴美訳、名古屋大学出版会、二〇一三年、特に第一章、関連する第六章まで参照。

ィングを可能にする。④技術：職人的な機械操作による映像創造をおこなう。

しかしながら、このようなラマールが言及するシネマティズムとアニメティズムの分類はanimaとanimation、animeの関係を意味づける上では、二分法的解釈で対処できるほど単純なものではないことがわかる。生命原理としてのanimaは運動原理としてのanimation映像の投影によりはじめてその在処を仮設することができ、認識できるからこそplasmaticnessの表象原理を想定することが可能になる。この一連の考えからすれば、ラマールが分類するanimetismはcinematism一般が含むキャラクターの主体的運動とは異なる原形質性を映像全体のうちに含みうるものであることがわかる。つまりanimationのanimaは一般に主体の運動により保証されるのに対し、animeのanimaはキャラクターを含む映像そのものの運動により保証され、人物、物体（物象）の運動とは異なる原形質的な運動を可能にするものと考えられる。[*16]

ラマールはこうしたアニメ特性を「合成的」と評価したが、制作者である宮崎駿自身は特別に「アニメ」を制作している意識はなくアニメーションとアニメの区別はとりたててつけてはいないことは明白である。アニメは紛れもなくアニメーションであり、animetismはここではアニメーションの「リミテーション」的条件と「シネマ」的演出の狭間から生まれたものと理解することが可能である。

4　animaとanime——創造と生成

Anima-animation：絵が動き、animation-plasmaticness：絵が語り、anima-animation-plasmaticness：絵が生まれる、その過程を通してanima-animation-animeの機能を論ずるとすれば、それは「絵が演じる」ことになる。アニメはアニメーション技術の演出手法の融合体であり、

*16　ラマールは同前書で、「（私たちの眼は）動きの軌道に沿って走るのではなく、側方から横向きに、あるいはそこを横切るように、速度の効果を一心に眺める状態にとどまる」（三三頁）映像をアニメティズムの大きな特徴としているが、これは基本的に「密着マルチ」により生み出される映像効果のことである。つまりシネマティズムは映像が主体の動きによる中心的作用を生み出すのに対し、アニメティズムは視線の集中を相対的にもたらすために映像が多平面的なイメージを生みだしているとする。これは先の「止め絵」によるハーモニー効果と同様、主体の運動によらず、映像そのものの原形質性が活性化している例と考えることができる。

キャラクター、Book、背景の各レイヤーが個々に、また相互に関係性もちながら独自の速度で運動する速度表象を運動視差の働きにより表現するものとなる。

それでは、この一連のanima-animation、plasmaticness-animeの生成はいかにして可能になるのか。抽象的には、animaは生命原理として能動的知性（創造する機能）に対応し、認識の動力因である受動的理性（可能的知性）に働きかける役割を果たす。可能的知性（生成機能）は可能態（dynamis）を現実態（energeia）へと移行させ、運動能力を発現し活動状態に入ることを促す。いわばanimaはanimationの可能態を創造するために、キャラクター造形、美術背景に対応するイメージボードを含む原画（基点・起点）内部に表象内容となるイメージ（phantasma）を想起し、可知的形象を発生させる役割を担うことになる。animationは原画と動画の接合によりこの可能態を現実態として生成させ、映像の運動そのものによる時間と運動が生じない映像内の時間との接合により、映像内の運動そのもの（部分）と映像の運動イメージ（全体）の位相を生成する。これにより可知形象を創造するanimaは印象形成を生成するanimationへと転位する。この時点でanimationはまさしく印象形成の基幹をなすplasmaticnessを内存することになる。

animeはこの原形質性を内在するanimationの位相的なメディウムあるが、それは現実態の延長、時空間の拡大・拡散・縮小をより可能にする独自の表現的知性を含みうるものとなる。それは原画‐動画の連動による重画（相対的速度：加速／減速）的レイヤー構造、すなわち表現的形象を発生させるものとなるのである。この機能により、その映像世界はanima（世界像）、drama（静止像）、cinema（運動像）を内包し、速度表現そのものによる時空間表現、世界像の創造を可能にするのである。＊17

＊17　小池隆太「物語構造論（ナラトロジー）――アニメ作品の物語構造とその特徴について」小山昌宏・須川亜紀子編『アニメ研究入門〔応用編〕――アニメを極める11のコツ』現代書館、二〇一八年、二四〇―二四六頁。

5 アニメにおける anima と animism

ここまで、anima、animation、anime の関係性について論じてきた。それではアニメ作品において anima が内在しているとすればそれはいかに animism と成りえるのだろうか。アニミズムは宿主の生命活動の原動力になる。いわば anima がアニメーションの生命原理であるとすれば、アニミズムはアニメ映像が活性化された状態に顕在化するものと考えられる。しかし、次節を前取りすれば animation あるいは anime すべての作品に animism が見いだされると考えるのは間違いであろう。ここでは戦後日本のアニメ作品の映像に特徴的な anima の発現をみてみよう。

戦後日本のアニメの技術的特徴として、ここではアニメーター六人の作品を事例としてとりあげる。第一は荒木信吾の作画で有名な『巨人の星』(一九六九：第八三話)である。星飛雄馬の投げる大リーグボール一号に対し、ライバルの花形満のバットスイング・シーンは、いわゆるアニメの「ツルツル線」を本来の劇画線に戻し、バットとボール、続いて手、腕を巨大化し、しならせることにより極度の遠近感覚を発し、原形質性を活性することにより造形迫力を強度化している。またバット周辺に砂煙をからませ、スイングにスピード線をもたらすことにより躍動感を最上にまで高めている。フルスイングの後のボールは砂煙の軌道により身体と一体化し、飛球のラインと重なり一本のラインで表されることにより、身体の anima がボールに遷移したことが示される。

第二は宮崎駿『風の谷のナウシカ』(一九八四)、『となりのトトロ』(一九八八)、『紅の豚』(一九九二)などに描かれる無機物の有機物化のシーンである。水蒸気である雲が弾力のある柔軟体として描かれる『ナウシカ』のワンシーン、お風呂のお湯がまるで人間が喜ぶかのように感情を爆発させる『トトロ』のワンシーン、飛行艇が巻き上げる水蒸気がまるで生きているかのように延々とその水煙を残し続ける『紅の豚』のワンシーンは、まさに無機物に宿る anima が映像を活性化している好例だろう。

第三は押井守『GHOST IN THE SHELL／攻殻機動隊』（一九九五）、『イノセンス』（二〇〇四）にみられる無機物を有機物のように、有機物を無機物のように描く演出である。身体のほとんどを義体（サイボーグ）化した草薙素子は無機物化した有機体であるが、『イノセンス』のラストシーンで人形に義体した素子はまるで人形に生命が宿っているかのように微笑んでいる。またそれを見送るバトーと愛犬の表情は、生きているとは思えないほどに無表情（無機的）である。押井守においては無機物を有機化する anima とともに、有機体を無機化する脱 anima 化の作用によりアニメ映像の anima は映像的にではなく心象的に強度化されているように感じられる。

第四はさまざまな演出手法を生み出した金田伊功の総合演出である。『幻魔対戦』（一九八三）における セル画の具象イメージが動画では抽象的イメージに転嫁している。例えば「マグマ溜まり」を髑髏形象として描くシーン、有機物にみたてられた「火の粉」が無数のコウモリのように羽ばたいてくシーンは、セル画（静止画）では髑髏やコウモリが描かれていることが確認できるが、動画ではそれは単なるマグマの活性、火の粉の散在としてしか認識できない。このように静止画と動画のイメージの連動による表象の活性化は、まさに anima が原形質性を最大限に利用しアニミズムを生み出していると判断することもできるだろう。

第五は「板野サーカス」の異名をとる板野一郎のＯＶＡ『マクロスプラス』（一九九四：vol.1）の戦闘シーン演出にみられるセル画の重層的演出である。背景のセル画三コマ、中景のセル二コマ、前景のセル一コマを順次重層的に動かすことにより、遠くのものはより速く、近くのものは相対的に遅く感じられる運動視差をつくりだすとともに、同一映像の中にタイムラグを発生させることによりそのスピード表象を最大限に引き出すことに成功している。こうした手法により anima

は最大限映像に充溢することになる。

第六は光と影、止め絵の第一人者、出﨑統である。例えばＯＶＡ『ブラックジャック』（一九九五：カルテⅣ）では、日常シーンの絵のレベルが、感情が動く瞬間、止め絵（劇画）化され、さらに希望の光（透過光）が患者ミシェルの背後から射してくる。ここでは背景と人物のセル画が一枚の絵としてまとめられることによりミシェルの生が世界に向けて開かれる印象が高まり、その希望が瞬間の美として質的量感を生み出している。ここでは anima は運動原理としてだけでなく、人間の心を活性化する希望の原理として機能している。

以上の六例から考えられることは、アニメの技術的手法は、単純にアニメティズムに分類されるのではなく、そこにはシネマティズムも含みうる anima-plasmaticness-animation の関係性が見いだされるのである。

しかし、それは anima に遡及することにより関連づけられるものの見方であり、アニメ作品には anima も animism も内在しない作品があることも忘れてはいけないだろう。

4　anime における原形質性とは何か？

アニメはたとえアニメティズム的特徴を備えていたとしてもそれは必ずしも非シネマティズム的であるわけではない。[*18] それは奇しくも『ポプテピピック』（二〇一八）によるシネマティズムとアニメティズムの解体を通した映像表現により白日に晒されることになった。それは anime でありながら、何ら anima も animism も感じ得ない作品だからである。こうした『ポプテピピック』にみられるメディア横断的アニメ表現の逸脱と解放は、一方で同話ごとに声優の交代、ポプ子とピピ

＊18　ラマール自身も、日本のアニメがシネマティズムを持ち得ないことはないと述べている。それはアニメティズムの水平的な映像の運動に対して、「ある特定の方向に傾いたり向ったりする場合には」シネマティズム的な運動を描くことになる（前掲書、三八頁）。端的に言えば、主体を中心に映像を動かすシネマティズムと主体を動かさず背景や Book（前景画、セル画）を相対的に動かすことにより主体が運動しているようにみえるアニメティズムの違いであるといえるだろう。

美が記号的な変形を遂げながらもかろうじてその髪型やリボン（アイテム）の残像によりその見極めがつくように、それはある種の「原形質性（可塑性）のパロディ」を生み出している。また過剰な奥行き、同一平面上に異なるテクスチュアが無統一に貼り付けされた映像、アニメ映像への実写の介入は「滑稽なシネマティズム」を呼び起こし、さらに同一平面上のマンガタッチと劇画タッチの混在、マンガキャラと実写キャラの共存は、アニメそのものがシネマティズムを偽悪的に描くことにより、ハイパーアニメティズムを巻き起こしたといってもよい。

ならばアニメにおける原形質性とは何かが、ますます問われることになるだろう。先に論述したように原形質性とは可塑性を基本とするアニメーションの人物、物体の形象の伸縮拡張、その変容（揺らぎ）を生み出す能力であった。またそれは単なる映像の揺らぎとしてではなく、視聴者の感覚から知覚変容をもたらし、日常生活においてはあまり起こりえない抽象的なイメージを生成する力を有している。前節ではその機能について拡張された映像表現として anime における六つの事例について説明をおこなったが、そうした身体および物体の形象が映像の形態と生態においていかに生体として発現しているのかが、これから問われることになろう。

1　ギブソンの生態学的空間論と anime における輪郭の問題

生態学的空間論を提示したギブソンは、環境は「物質」（能動的・実在的）、「媒質：非物質」（受容的・伝達的）、「面」（物質とともに存在＝物質と媒質を分ける境界）からなり、「空間」の形状は物質にともなう「面」の配置によりレイアウトされ、「空間」は「面」により作り出される「輪郭線」によりその形状を明確にする、と考えた。[*19] とりわけ一方で相対的空間創造に長けると評価されたアニメが、他方で記号的類型表現を得意とすることはいうまでもなく、それが「ジブリ作品」か

＊19　J・J・ギブソン『視覚ワールドの知覚』東山篤規・竹澤智美・村上嵩至訳、新曜社、二〇一一年、一一〇頁。

ら『ポプテピピック』まで幅広い表現手段と方法を兼ね備える自由度の高さに依拠していることを物語っている。

ここで着眼するのは、animeにおける輪郭線の存在である。アニメの奥行き、立体感はラマール（二〇一三）によればディズニー的な多層撮影映像（シネマティズム）よりも、密着マルチによる相対的多重映像（アニメティズム）により生み出されるとされるが、驚くことにアニメ映像の原形質性はそれ以前に単純な絵の実在により生み出されている。

なかでも遮蔽縁（輪郭線／テクスチュア）の機能は、アニメ作品においても多様な効果をもたらしている。それは人物を含む物体に輪郭線があり、背景（自然）は輪郭線がほどこされないパターン、物体・背景ともに輪郭線が施されているパターン、物体にも背景にも輪郭線が存在しないパターンに分かれる。アニメーションにおける原形質性は可塑的なメタモルフォーゼの典型であるディズニーの『人魚のおどり』のように象を演じるタコの動きにみいだされるが、輪郭線がアニメ映像に及ぼす影響は、輪郭線に囲まれた人物や物体が遮蔽縁機能を生み出し、映像世界を視覚人間的に再構築するに及ぶ。[*20] すなわち輪郭線は、映像世界が主体（物体・人間・動物）と背景（自然／人工）を区別することにより、輪郭線に囲まれたテクスチュアは遮蔽縁として機能するとともに、絵そのものが図と地として認知されることにより映像世界に奥行きをもたらす視覚世界の再構築がおこなわれているのである。それはマルチプレーンカメラによるアニメーション映像の多層構造と密着マルチによるアニメ映像の多重構造に共通するものである。

では、輪郭線が不在であることは何を意味するのであろうか。それはまず物体の運動を全面的に解放し、テクスチュアの変化のみによる形態変容をもたらす。これは先に金田伊功の火炎（原形質的な運動）を例にあげたが、次に遮蔽縁の機能が薄れることで物体が背景に溶け込んでゆく作用を

＊20 『人魚のおどり』（一九三八）における海底のタコたちはブラウンの色彩で表現されているが、形態を縁取るその黒い輪郭線はわずかに細くみられる。そのため象にメタモルフォーゼしているタコの姿は、ほとんど可塑的に変容するテクスチュアとして知覚され、極彩色の背景の前でくっきりと図として浮かびあがっている。

生み出すことにより、自然と人間との有機的一体化が図られる。例としては新海誠『言の葉の庭』にみられる、世界が有機的再構成をとげたかのような神々しくみずみずしい公園シーンがあげられる。このように輪郭線の不在は物体の個体性、固定性が薄れ、その存在自体が流動化する不安定な存在へと変化する様を描くことになる。これは押井守『攻殻機動隊』における、草薙素子の光学迷彩シーンでの人物の無機質化にともなう背景世界との融合にもみられる。

こうした例から判断できることは、アニメにおいては輪郭線が形態を定めていても、ディズニー作品同様の可塑的運動はおきうるが、輪郭線が消失することにより映像に描かれる物体の運動そのものが解放され、形態変容によるイメージ喚起がさらに強くなされることである。もちろんアニメーション作品においては、ノルシュテインやフレデリック・バックの作品を想起するだけで、輪郭線のない絵画的な形象が映像世界全体に原形質性をもたらしていることが確認できる。つまり、ここで重要なことは、アニメーションにおいてもアニメにおいても原形質性は存在するが、それは人物や物体の運動上の可塑性ではなく、むしろ輪郭線の綻びによる形態の揺らぎ、またはそれによるあらたな形象の生成と消滅を、映像にもたらしていることである。

2　アニメーション映像における輪郭・輪郭線によるテクスチュア

アニメーションにおける輪郭、輪郭線、テクスチュアを各々、線は不在だが主観的に想定されたもの、物体の縁を囲んだ実在する線、輪郭、輪郭線の実在・不在に応じて発現する面の状態とみなすと、テクスチュアはアナログからデジタルへと進化したアニメーション映像の特徴を再考することも可能にさせる。以下の記述はその仮説的な整理である。もちろん、コンピューターによるデジタル制作の時代においては、このような区別はもはやさほど意味をなすものではなくなっていることはいうまでもない。それはアナログからデジタルの時代への推移上において初めて意味をもつものであった。

①Disney animation：２Ｄクラフトにおいて、人、物体には輪郭線があるが、線は可塑的に変形し、面は多層的に表現される。３ＤＣＧポリゴン（Pixar animation）においては輪郭線がなく、面が機械的な奥行きを表現する。

②animation（art animation）：２Ｄクラフトにおいて輪郭線の実在・不在は自由である。手法として面そのものが可塑的な運動を有し、図と地の区別がおこなわれない作品もあれば、輪郭線による形態のみで表現される作品まで、その幅は広い。

③ジブリアニメ（ーション）：２Ｄクラフト、２ＤＣＧデジタルにおいて、基本的に輪郭線は存在し、線は可塑的な運動を有し、面は重層的なレイアウト構造に支えられている。先述のとおり、面は相対的な運動性を有す。

④テレビアニメ（ーション）：２Ｄクラフトにおいて、輪郭線は固定的だが、面は可塑的運動性を含み流動的である。また３ＤＣＧポリゴンによるセルルック作品においては、輪郭線は存在し面は相対的運動を保ち、その運動は有機的だが可塑性は無機的である。

このように映像の画面（絵）そのものの区分から、anime における原形質性を再考すると、anima の生命情報がいかに映像の意味作用を生み出しているのかが理解できる。そこには anima（生命原理）が animation（運動原理）を保証するためにみいだされる plasmaticness（表象原理）、すなわち映像そのもののなかに生命情報をみいだす視聴者の映像イメージと心的イメージが重層的に仮託されているのがわかる。それは視聴者の意識が映像の動きを通して映像そのもののなかに仮想を見いだし、次にその意識が「生命情報」を、人物の動き、物体の動き、背景と人物、物体の相対的な動きのなかにanimaとしてみいだしているのである。

3　アニメーションの生命情報と社会情報

言語記号または映像記号とその意味内容が一致する場合、その情報は社会情報をなす。animaはアニメーション映像のなかに息づくとき、その関係性となるanima-animationは生命情報を社会情報に転位する。視聴者は空間表象、時間表象を生み出す映像に描きだされた形態、音声の構成のなかに、何らかの意味形象を意識的にくみとる。こうして言語共有化される情報が一意的なメッセージとなり視聴者にもたらされる。またその関係性はanima-animation-plasmaticnessとして生命情報を社会情報に転位するが、それは視聴者の潜在心理として言語化される以前に別次元のイメージとして蓄積され、後に言語共有化されることによりメタファーとなる。つまり生命情報が無意識下で働き、知覚され情動を生み出す過程がanima-animation-plasmaticnessであり、それが意識過程として身体的感覚を通して情念として意識化される過程がplasmaticness-animation-animaとなる。これら二つの過程は表象原理としてのplasmaticnessを起点にしており、この往復過程はメタファーをシンボル化し、シンボルをメタファー化する役割を果たしている。アニメーションの生命情報はこのようにして社会情報となるが、それは視聴者の共同主観性を前提とし認知と認識の型を形成する。ただ、それは常に主観的な「過去把持」と「未来予示」の働きにより、現前的であるが絶えず後説的に変化・編纂されて顕れる。

このような意味情報の転位についてＯＶＡ『ＦＲＥＥＤＯＭ』（二〇〇七）を例に考えると、そこには３ＤＣＧポリゴン映像が生命情報を生み出すにあたっての一つの課題がみいだされることになる。それはセルルック・アニメーションにおける人物の表情、動作が、機械情報として遷移するために、身体の動きに重力が感じられず、筋力を伴わないロボットの動きのように感じられることから「不気味さ」が際だつ問題を生んでしまう。またそれは表情、動作においてまるで人間ならぬものが、人間を演じているように見えてしまう違和感となる。つまりそれは人間の表情、動きが二値的基準で表現されているために、その機械的情報化が映像の生命情報を揺るがし、社会情報が意味化されにくい様相を呈することになるのである。それは顔の表情や身体の動きが気になって、物語が頭にはいってこない状態であり、映像がanima-animation-inanimate（uncanny）の状態にあることを示している。

これが数年を経て『蒼き鋼のアルペジオ』（二〇一三）では、表情、動きが自然な状態に改善されている。また生命情報（anima）が回復され、身体の動き、表情が意味情報（cinema）として再生され、社会情報（drama）が伝わりやすくなっている。これはanima-animation-animate（reanimate）として「不気味の谷」が解消されている状態である。むろん霧や煙、水飛沫などのエフェクトは二値情報処理に適しているため機械情報的処理がなされうるので差し障りのない映像に仕上がるが。これは人間の眼（肉眼）と機械の眼（カメラ）が装置の眼（ＣＰシステム）により最適化されはじめた時代の先端的表現とみることができる。

おわりに

アニメーションとアニメ、その生命原理、運動原理、表象原理は共通のものである。animaはanimation-animeとの関係において、説明原理としてあることも、これまでの論述により明らかになった。アニマはアニメーション映像の能動的可能性を内存し、アニミズムはアニメーションの可感形象においてその運動像を活性化する。ファンタズマは可感的形相を可知的形象へと転位させ、原形質性を映像にみいだすための印象形成に寄与する。こうしたplasmaticnessの機能は視聴者の心理特性と仮現運動をはじめとする知覚的な生理特性を前提としているために、原形質性を生命情報のみならず、ときには能動知性の過程においては社会情報として認知することを可能にする。

三つの共通原理を有するアニメーションとアニメであるが、強いてその区分を設定するのであれば、アニメーションはanima-animism-phantasma-plasmaticness（広義）からなるアニメーションズム、アニメはanima-animism-phantasma-plasmaticness（狭義）からなるアニメティズムからなるということができる。アニメーションにおける原形質性はディズニー作品にみられる人物、物体の可塑性をその前提にしているが、例えばノルシュテインの『霧の中のハリネズミ』（一九七五）のように、その映像の生体は「スクワッシュとストレッチ」のような単純な可塑性ではなく、映像全体が有する生態活動のなかに見いだされるように広義的に現われる。その意味においては、アニメにおける原形質性は人物、物体、背景の相対的関係性のなかに技法として顕在化する傾向が強く、いわばアニメはアニメーションの方法論を物語構成に適する映像手法として意識的、無意識的に運用されるものと考えることができる。

＊本研究はＪＳＰＳ科研費［JP19K00539］の助成を受けたものである。

参考文献（注に記載のないもの）

タイラー、Ｅ・Ｂ『原始文化』比屋根安定訳、誠信書房、一九六二年
高石憲明「秩序付ける知恵――トマス・アクィナスの知恵概念」筑波大学学位論文（博士）二〇一九年
西垣通『基礎情報学――生命から社会へ』ＮＴＴ出版　二〇〇四年
西村智弘『日本のアニメーションはいかにして成立したのか』森話社、二〇一八年

マレット、R・R『宗教と呪術比較宗教学入門』竹中信常訳、誠信書房、一九六四年
Descola, Philippe, Gisli Palsson 1996, *Nature and Society: Anthropological Perspectives*, Londo: Routledge.
Hallowell, A. Irving 1960, "Ojibwa Ontology, Behavior and World View," in S. Diamond (ed.) *Culture in History: Essays in Honour of Paul Radin*, New York: Columbia University Press.
Ka-nin, Kenny Chow 2009, "The Spiritual-Functional Loop: Animation Redefined in the Digital Age," in *Animation: an interdisciplinary journal*, Vol 4(1): 77-89.
Lamarre, Thomas 2002, *From animation to anime: drawing movements and moving drawings*, Japan Forum 14(2): 329-367.
Marett, Robert Ranulph 1909, *The Threshold of Religion*, London: Methuen and Co. Ltd.
Ruddell, Caroline 2008, "From the 'Cinematic' to the 'Anime-ic': Issues of Movement in Anime," in *Animation: an interdisciplinary journal*, Vol 3(2): 113-128.
Tylor, Edward Burnett 1871, *Primitive Culture, 1 & 2*, London: John Murray.
Viveiros de Castro, Eduardo Batalha 1998, "Cosmological Deixis and Amerindian Perspectivism," in *The Journal of the Royal Anthropological Institute*, Vol. 4(3).

生命のかけらを拾い集める――『ゾンビランドサガ』からのアニメ文化論*

石岡良治

*本稿は二〇一九年五月二五日、早稲田大学戸山キャンパスにおける口頭発表に基づく。その後放映された『ゾンビランドサガリベンジ』(二〇二一)に関する記述などを適宜補足した。なお、URLはすべて二〇二二年三月一五日に訪問。

はじめに

本稿「生命のかけらを拾い集める」では「生命」という語によって、アニメーションの語源に近い「アニマ」というよりはむしろ「ライフ」を想定している。「アニマル」「アニミズム」などとの連関が示唆され得る「アニマ」についての考察は他日を期すとして、ゾンビが「ライフでもデスでもないアンデッド」状態にあることに注目しつつ、TVアニメ『ゾンビランドサガ』(二〇一八)の魅力を通じてアニメ文化のいくつかの特質について考えてみたい。その際、同作が変則的なアイドルアニメであり、かつ佐賀県を舞台にしたコンテンツツーリズムにも関わるという事態に着目する。同シリーズは今なお展開中であるため、その網羅的な検討については「アニマ」についての考察と同様に他日を期したいが、アニメーションという媒体における「アニメ」の特性について、筆者がこれまで行ってきた考察における問題意識と結びつけつつ、一定の理論的展望を示すことができれば幸いである。

アニメについての学術的考察、とりわけ作品論を志向する考察は、スタジオジブリ作品などのアニメ映画を対象とすることが多い。その理由としては主に、膨大なアニメの総体を見通すことができなくなっているなか、限られたコーパスを対象にできること、および「作品の質」についての安定した評価が確立されていることが挙げられよう。さらに「映画」というフォーマットが二〇世紀において得ることとなった「芸術」としての地位は無視し難く、テレビ番組として制作されることの多い膨大なアニメ作品を時事的な消費物とみなしつつ、アニメ映画との間に「決定的な質的差異」を見出す慣習には根深いものがある。けれどもアニメのポテンシャルを適切に捉えるためには、そうした諸前提は問い直される必要がある。

　そのような問題意識から宮崎駿の「ミュージックビデオ」短編作を分析した「宮崎駿『On Your Mark』とアニメの系列的読解」で筆者は、作品読解にあたってモチーフの照応関係をミクロレベルとマクロレベル、作品の内外などにわたりトータルに検討する「系列化」の作業を行った。*1 アニメを系列化する作業において、「映画」というフォーマットの特権性は一度括弧に入れられた上で、多種多様な映像文化の中に再定位されることになる。アニメが映画というフォーマットをまとうことの意義は否定すべくもないが、「アニメ作品」を十全に扱うためには、フォーマットのみならず「作品の質についての判断」でさえも、ときには括弧に入れられる必要があるように思われる。スタジオジブリのアニメ映画の魅力についても、長大なTVシリーズやシーズン毎に多数放映される深夜枠など、多種多様なフォーマットとの関係を考慮することで多くのことが明らかになるだろう。*2

1　ジャンルの諸問題

　ただし、数多くのアニメを視聴していく者が直ちに気付くように、膨大なアニメ作品のどれをとっても多種多様であり、ひとつとして同じものはないのにもかかわらず、それらが一定の枠内にお

*1　『On Your Mark』を「ミュージックビデオ」と呼んだのはもちろん便宜上の意味合いであり、公式には「ジブリ実験劇場」と名付けられている。石岡良治「宮崎駿『On Your Mark』とアニメの系列的読解」『美学芸術学論集』第一三号、二〇一七年、五六―一〇八頁。

*2　テレビアニメのフォーマットについての分析を行っている著作としては、例えば畠山兆子・松山雅子『新版物語の放送形態論――仕掛けられたアニメーション番組』世界思想社、二〇〇六年。

*3　ロボットアニメについては、例えば池田太臣・木村至聖・小島伸之編著『巨大ロボットの社会学』法律文化社、二〇一九年を参照。魔法少女ジャンルについては須川亜紀子『少女と魔法――ガールヒーローはいかに受容されたのか』NTT出版、二〇一三年、や三宅陽一郎「魔法少女のアニメーションの物語構造の進化」『コンテンツ文化史研究』一〇・一一号、二〇一七年、七七―一〇〇頁

けるヴァリエーションに収まってみえるという印象がしばしば生じる。アニメに対するシンパシーの有無とはかかわりなく生じるこうした印象については、「ジャンル」についての了解から捉え直すことが重要であるように思われる。例えばロボットアニメや魔法少女アニメのように、アニメ史において重要なジャンルがいくつも存在しており、それらについては各時代ごとにゆるやかに変動していく定義を明確にすることも重要だが、文学や映画などのフィクションについての分類原理およびジャンル理論からの類推と、アニメ特有の諸事情をともに考慮しつつ、各々のジャンルの系譜を明らかにすることも必要であろう[＊3]。

　同じジャンル名の下で包摂されていても、内実が大きく異なる作品群には多種多様性があるという自明の事実と、それでもやはり同一名称であるがゆえに「一様性」の印象が残るということの共存は、ジャンルをめぐる諸問題から解明することができるだろう。例えば映画研究における「ウエスタン」「メロドラマ」「フィルム・ノワール」といったジャンル映画をめぐる考察は、いわゆる「名作と駄作」といった作品の質的判断とは異なる分析水準を設定しつつ、各々のジャンルの成立状況の差異を示している。「ウエスタン」が映画の芸術的野心とは一見無縁の膨大な作品群において「演出《ミザンセヌ》」を洗練させていたこと、「メロドラマ」が当初は現代なら「サスペンス」に分類されるタイプの映画を指し示していたものの、次第にロマンス要素によって弁別されるようになっていったこと、「フィルム・ノワール」がフランスの批評家たちによって見いだされた一種のメタジャンルであること、といった事柄はとりわけ興味深い[＊4]。

　必要な変更を加えることで、アニメのジャンルについても映画と同様のことが指摘可能である。ジャンル形成についての系譜学的考察がしばしば明らかにしているように、エンターテインメントにせよ芸術分野にせよ、時代を画する作品が登場すると、様々な理由からその作品が「サイクル」

を参照。

＊4　加藤幹郎『映画ジャンル論――ハリウッド映画史の多様なる芸術主義』文遊社、二〇一六年、ジョン・マーサー、マーティン・シングラー『メロドラマ映画を学ぶ――ジャンル・スタイル・感性』中村秀之・河野真理江訳、フィルムアート社、二〇一三年、中村秀之『映像／言説の文化社会学――フィルム・ノワールとモダニティ』岩波書店、二〇〇三年、など。

＊5　前掲『巨大ロボットの社会学』第三章「海外におけるロボットアニメ事情」（レナト・リベラ・ルスカ）におけるゴルドラックの分析を参照（三〇―四四頁、とりわけ三九―四一頁）。

＊6　石岡良治「魔法少女たちの舞台装置」『「超」批評マンガ×視覚文化』青土社、二〇一五年、八三―一〇九頁。『魔法少女まどか☆マギカ』は、放映前に発表された概要では、主要スタッフとして監督の新房昭之、脚本の虚淵玄、

という仕方でシリーズ化されたり（続編や過去編の要請）、類似モチーフを用いた全く異なる作品が多数生じてくる。例えば映画『ハリー・ポッター』シリーズ（一九九七―二〇〇七）で広く知られるようになった「ホグワーツ魔法魔術学校」のモチーフは、それ以前から学園ものを数多く擁する日本のエンタメフィクションにおいても踏襲されていることは周知の事実であるが、筆者の見立てではおそらくは『NARUTO』のような忍者アクションマンガの序盤における「アカデミー」設定にも残響している。ジャンルをめぐる諸事情においては、このような必ずしも一義的に確定することのできないタイプの「間テクスト性」もあれば、ナショナルな枠組みを超えた受容などもあり、ロボットアニメ史から例を挙げると、日本ではややマイナーな『UFOロボグレンダイザー』（一九七五―一九七七）のフランスやイタリアにおける知名度の高さは印象的である。*5

同一ジャンルにおけるアニメの多様性としては、『魔法少女まどか☆マギカ』（二〇一一）と魔法少女ジャンルとの関係が興味深い例となっている。『魔法使いサリー』や『ひみつのアッコちゃん』にはじまり近年では『プリキュア』シリーズに代表される魔法少女アニメにおいて、『魔法少女まどか☆マギカ』はタイトルに「魔法少女」を冠するものの、一種の変則的作品として現れたが、二〇一〇年代という時代を画す作品となったこともあり、同作からは「ダーク魔法少女」ともいうべきサブジャンルが生まれたように思われる。魔法少女アニメの多くが、今なお子ども向けの枠として想定されるなか、『魔法少女まどか☆マギカ』ははじめから深夜アニメとして作られており、スタッフなどの構成においてはアダルトゲームを含めた広義の「ノベルゲーム」の圏域から生じつつも、その枠を超えてある程度の一般性を獲得したという経緯が無視できない。*6 深夜枠であるがゆえに、同作ではバトルロワイヤルないしはデスゲームといっても過言ではない殺伐とした展開を含むシナリオが繰り広げられているが、タイトルやオープニングムービーはあくまでも魔法少女

キャラクター原案の蒼樹うめの三人の名が強調されていた（例えば以下のMBSのサイトの情報。https://www.mbs.jp/madoka-magica/）。同作が広義の「ノベルゲーム」の圏域と関連を持つ理由は、アニメ『魔法少女リリカルなのは』（新房昭之監督）や小説『Fate/Zero』（虚淵玄著）の発展型とみることも可能だからである。新房昭之が二〇〇四年に監督をつとめた『魔法少女リリカルなのは』は、アダルトゲーム『とらいあんぐるハート』シリーズの魔法少女パロディ（二〇〇一年の『とらいあんぐるハート3 リリカルおもちゃ箱』）から派生した人気作であり、想定視聴者は主として男性となっているが、多くのパロディ魔法少女が一度限りの外伝にとどまるのとは異なり、ガジェット設定やシナリオのシリアスさによって人気を獲得してシリーズ化された。また脚本の虚淵玄は『魔法少女まどか☆マギカ』に先立つ小説『Fate/Zero』（二〇〇六―二〇〇七）において、当初はアダルトゲームとして発売されたノベルゲーム『Fate/stay night』

ジャンルについての予期の範囲内に収まっており、このミスマッチが効果的に機能しているのだ。

2 『ゾンビランドサガ』導入部にみられる同作の特性と魅力

以上のような予備的考察は、TVアニメ『ゾンビランドサガ』の特性を考えるさいの示唆となるように思われる。現代アニメの多くが事実上マンガやゲームなどの「原作」のアダプテーション、あるいは同一タイトル作品の別ヴァージョンが諸々の媒体で展開される「メディアミックス」という形態を帯びる[*7]ことは、視聴者が事前に一定の情報を参照することを可能にすることで、膨大な作品群から各々の作品が際立ち、アテンションを得るための機会となっている。だが「原作」の支えを持たないオリジナルアニメには、ジャンルがもたらす予期可能性と、そこで展開される諸要素の新規性がともに求められる。『ゾンビランドサガ』はタイトルが示唆するようにゾンビモチーフを用いたオリジナルアニメであり、コンテンツツーリズム（あるいは「聖地巡礼」[*8]）とアイドルという、二〇一〇年代のアニメで広く見られた要素を組み合わせた作品世界が視聴者に開示される序盤において、とりわけジャンル的な予期可能性を逆手に取った変則的なシナリオを巧みに繰り広げている。ゆえに作品序盤を中心に、同作の特質と魅力について検討したい。

前述した『魔法少女まどか☆マギカ』が、主要登場人物のショッキングな死という展開を織り交ぜつつ「魔法少女」と「魔女」の関係についての変則的な独自解釈を繰り広げていたことが機縁となり、二〇一〇年代のオリジナルアニメでは、「ジャンル的約束事の裏をかく」ことへの期待が一定数の視聴者に生じていたように思われる。『ゾンビランドサガ』は作品世界への導入となる序盤に変則的な要素をふんだんに用いることで、まさにそうした期待に応えたアニメといえるだろう。

（二〇〇四）の前日譚を、本編とは異なる香港ノワールスタイル（ジョン・ウー監督の一九八六年の映画『男たちの挽歌　英雄本色』の影響が顕著である）を取り入れて描き出していた。そしてキャラクター原案の蒼樹うめは日常系四コママンガ『ひだまりスケッチ』の作者で、新房昭之監督によるアニメ版（二〇〇七—一二）も人気作となっており、「新たな魔法少女物語」（前掲サイトによる）への期待が二〇一一年一月の放映開始前から話題となっていた。

*7　日本型メディアミックスの特性については、マーク・スタインバーグ『なぜ日本は〈メディアミックスする国〉なのか』中川譲訳、KADOKAWA、二〇一五年を参照。

*8　アニメ聖地巡礼あるいはコンテンツツーリズムについては以下を参照。岡本健『アニメ聖地巡礼の観光社会学——コンテンツツーリズムのメディア・コミュニケーション分析』法律文化社、二〇

同作は現在では佐賀県を舞台にしたアイドルアニメとして認知されており、二〇二一年には観光ガイドブックも刊行されているが、*9 放映前には作品情報はほぼ開示されず、例えば「オリジナルTVアニメ「ゾンビランドサガ」キックオフムービー」*10 にはアニメ要素が一切みられず、あたかも実写ゾンビ映画の予告のようであり、膨大なアニメ作品の間で埋没するリスクも大きかったように思われる。だが同作は結果的に、そうした状況をも物語展開に組み込むことでアテンションを集めることに成功した。

『ゾンビランドサガ』の第一話冒頭はあたかも『プリキュア』シリーズのパロディであるかのような導入であり、監督の境宗久が東映アニメーションで『スイートプリキュア♪』（二〇一一―一二）のシリーズディレクターをつとめていたこともあり、かなり再現度の高い場面となっている。だが「二〇〇八年」というカレンダー表記がみられるなか、主人公の「源さくら」がアイドルオーディションを受けようとして家から外に出るやいなや（通常のアニメOPの長さである一分三〇秒の時点）、ただちにトラックに轢かれてしまう。ポピュラー音楽のHR／HM（ハードロック／ヘヴィメタル）ジャンルで広範に現れるいわゆるしわがれ声を用いた「デスボイス」が鳴り響くなかスタッフ表記が現れるという突飛なオープニングが度肝を抜く。この一連の展開のインパクトは大きいが、その反面、サイト「小説家になろう」などのウェブ小説原作アニメの典型としてみられる「異世界転生」作品の多くが、トラックに轢かれた主人公の転生からはじまる場面を含むことの参照とみることもできる。

本編の物語が始まると、どうやらさくらは異世界ではなく日本の佐賀県に一〇年後（すなわち放映年の二〇一八年）にゾンビとして復活したらしいことが示唆される。典型的なアイドルアニメのプロデューサー（たとえば「アイドルマスター」シリーズが想起される）にみえるがトリッキーな

一八年、岡本健編著『コンテンツツーリズム研究［増補改訂版］――アニメ・マンガ・ゲームと観光・文化・社会』福村出版、二〇一九年、山村高淑、フィリップ・シートン編著・監訳『コンテンツツーリズム――メディアを横断するコンテンツと越境するファンダム』北海道大学出版会、二〇二一年。「コンテンツツーリズム」とアニメの関係を読みとく一つのモデルとして、杉本圭吾「アンチ・聖地巡礼アニメ――『天体（そら）のメソッド』論」『層　映像と表現』11、二〇一九年、一〇八―一二八頁の問題設定から示唆を得た。

*9　『ゾンビランドサガトラベラーズガイド』昭文社、二〇二一年（http://ec.shop.mapple.co.jp/shopdetail/000000004126/）。

*10　「オリジナルTVアニメ「ゾンビランドサガ」キックオフムービー」（https://www.youtube.com/watch?v=C2uiROVA220）。『ゾンビランドサガ』の各話ストーリーの概要については公式サイ

言動の「巽幸太郎」から佐賀県が風前の灯火であるという、自虐ともつかない説明を受けたあと、事情をよく把握しないままのさくらは、同様にゾンビとなっているが意識が覚醒していない、後のアイドルグループ「フランシュシュ」メンバーたちとともに、HR／HMファンが集うライブハウスにおいて、典型的なデスメタル風の曲による場違いなデビューライブを無事こなす羽目になる。そしてライブの翌朝残りのゾンビメンバーたちの意識が覚醒する。視聴者もさくらも作品世界がどうなっているのかの全貌を把握する間もなく、だがいつのまにか事がうまく運んでしまうという痛快な物語が、第一話のシナリオとなっている。

　このように、第一話はほぼデスメタルの主題で展開しており、アイドルアニメとしての予期の裏をかくことに成功している。とはいえ前述したように、深夜枠のアニメでは、ジャンルの約束事の裏をかくことそのものを物語序盤の推進力としているケースが時折みられる。例えば日常系アニメの体裁ではじまった『がっこうぐらし！』（二〇一五）が実際にはゾンビサヴァイヴァルものであったがゆえに一定のインパクトを持ったことを踏まえると、『ゾンビランドサガ』のメインキャラクターはゾンビであるが、コメディ要素を含むアイドルアニメであるという意味において、逆のパターンにあたると言えるかもしれない。

　このように変則的にはじまる『ゾンビランドサガ』は、続く第二話ではラップバトルがテーマとなり、アイドルソングが現れるのはようやく第三話になってからである。そして第三話終盤のアイドルとしてのファーストライブは、佐賀県唐津駅前で客がほぼいない状態で行われ、応援するひとりの少女にメンバーが励まされる場面となっているが、ここでは3DCGと2D作画が混在するハイブリッドなライブシーンという表現面を含めて、『ラブライブ！』（二〇一三）第三話のファーストライブ場面が参照されている。[*11] この時点における視聴者は、各話ごとに移り変わる参照ジャンル

トを参照（https://zombielandsaga.com/1st/story/）。

＊11　アニメにおける3DCGの身体表現については、石岡良治「アニメイメージング」と身体表現——CGアニメにおける「不気味なもの」の機能」『イメージ学の現在』東京大学出版会、二〇一九年、一四九―一七三頁。

＊12　安西信一『ももクロの美学〜〈わけのわからなさ〉の秘密〜』廣済堂新書、二〇一三年は、ときに「サブカル的」と言われるももいろクローバーZについての美学者による多くの示唆に富む著作である。

＊13　西兼志『アイドル／メディア論講義』東京大学出版会、二〇一七年、における「〈スター〉（山口百恵など）〈タレント〉（松田聖子など）」と「〈キャラ〉（ももクロなど）」の分類は、昭和アイドル純子と平成アイドル愛の性格付けを考える上で興味深い。〈スター〉は映画的存在として、「遅れ」が価値の源泉となっており、

に翻弄されつつも、ゾンビモチーフのコメディ的な扱いから、第一話のデスメタルモチーフをはじめとした各音楽ジャンルの遊戯的な性質を看取することができるだろう。筆者は第四話以降の音楽ジャンルにまつわる展開がおおむねアイドルソングの範囲内で展開されることに、最初の視聴時には若干の物足りなさを覚えたが、オープニングの映像や歌が示唆するスーパー戦隊パロディのモチーフから、例えば「ももいろクローバーZ」[*12]のようなタイプのグループアイドルへのリファレンスを読み取ったあとは、『ゾンビランドサガ』が多種多様なレパートリーを持ち味にしつつも、軸足があくまでもアイドルソングに置かれていることへの示唆に気付いたのである。

3　生命のかけらを拾い集める

以上、『ゾンビランドサガ』序盤の特性と魅力の一部を概観することで、同作にはつねに明示的とはいえないものの、他作品のモチーフへのリファレンス＝参照がふんだんに含まれることをある程度示すことができたように思われる。こうした指摘は、同時期の他のアニメとの「間テクスト的」関係を強調するものだが、その反面、テレビアニメには媒体の自律性を見出し難いという印象についてのさらなる傍証となってしまうのかもしれない。だが、個々の作品を超えて照応するモチーフ群の「系列」から、それらのモチーフの微細なディファレンス＝差異を見出し、個別作品の「固有性」の所在を明確にすることは、アニメ文化論を繰り広げる際の一つの立脚点となると考えている。

こうした観点から『ゾンビランドサガ』の魅力を、メインコンセプトが既知のリファレンスから成り立つがゆえに、「ジャンルの飽和性」を織り込んだ再帰性を表現の推進力として活用している

〈タレント〉はテレビ的存在として、「いまここ」の共有＝コミュニケーション性が価値の源泉となっている。この観点からすると、アニメのイベント描写においてファンとの握手会やチェキ撮影に強い抵抗を示し、不参加を貫く純子は、八〇年代アイドルでありつつも〈スター〉としての性格を色濃く帯びていることがわかる。他方〈キャラ〉においては、複数人数からなるグループにおける関係性の消費が前提条件となっており、ももクロの場合はイメージカラーやプロレスなどのリファレンスを含むことを考えると、そもそも源さくらがアイドルに憧れるきっかけとなった愛の存在は、フランシュシュひいては『ゾンビランドサガ』におけるアイドルのモデル設定に関わることが示唆されているからである（同書六九頁および一五一―一六一頁を参照）。

＊14　例えば岡本健『ゾンビ学』人文書院、二〇一七年、で示唆されている『進撃の巨人』『亜人』『東京喰種トーキョーグール』などの「広義のゾンビコンテンツ」

ところに見出してみたい。具体的にはアイドルアニメとコンテンツツーリズムという、二〇一〇年代のアニメ消費を代表する二つの主題が、おそらくはコロナ禍を含めた社会状況の変化などの要因によって一巡している現在、「ゾンビ」というモチーフを通してアイドルアニメとコンテンツツーリズムの意義を照らし出す作品として捉えてみたいということである。

そこで示唆に富むのが、ラップバトルがテーマとなる第二話のとある場面である。第一話ラストで意識を取り戻したフランシュシュのメンバーのうち、山口百恵や中森明菜などのソロアイドルをモチーフにしたと思しき「昭和アイドルの紺野純子」（一九六四―八三）と、ハロプロなどのグループアイドルのセンターをモチーフにしたと思しき「平成アイドルの水野愛」（一九九二―二〇〇八）という、具体的に生没年が設定されている二人の元トップアイドルが、*13 プロデューサー巽の方針を嫌い合宿所（唐津市歴史民俗資料館がモデルである）を脱走して、シャッター商店街に迷い込む。主人公の源さくら（一九九一―二〇〇八）は二人を連れ戻すべく立ち回るが、三人は不意にラッパー男性たちに遭遇する。軽快なラップによる唐突な声かけの恐怖から三人のゾンビアイドルたちは逃げ出すが、特殊メイクの腕前をもつ巽の助力なしではつぎはぎだらけの姿を覆い隠すべくもない彼女たちを目の当たりにしたラッパーの方が、恐怖に慄き逃げ出すという一連の場面が、コメディとして描かれるのだ。

『ドラえもん』のジャイアン役で知られ、ヒップホップカルチャーに通じた声優木村昴を含む三人（他には宮城一貴と武内駿輔）がラッパーを演じるトラック「サガ・アーケードラップ」が印象的なこの場面は、『ゾンビランドサガ』のなかでもとりわけ批評的示唆に富むように思われる。ロケーションであるアーケードすなわち佐賀市の「寿通り商店街」が、アニメ放映時にはすでに取り壊されてしまっていたことはそのひとつである。シャッター商店街というロケーションは、ゾンビ

との比較（同書二九八―三〇〇頁）は、岡本健『大学で学ぶゾンビ学～人はなぜゾンビに惹かれるのか～』扶桑社新書、二〇二〇年、第四章における『ゾンビランドサガ』への言及の検討も含め、今後の課題である。

*15 正確にはスクウェア時代の携帯機ゲームボーイ用RPG『魔界塔士Sa・Ga』（一九八九）にはじまる「サガ」シリーズにちなむ。二〇一四年版の「ロマンシング佐賀」のサイト（https://romasaga.jp/1/）では「サガ25周年×佐賀県＝ロマンシング 佐賀」という当時は珍妙に響いたであろうフレーズが現れており、好評の結果シリーズ化されるに至っている。例えば「ロマンシング佐賀2021」（https://romasaga.jp/2021/）など。

*16 「【連載】TVアニメ『ゾンビランドサガ』スタッフ陣が明かすプロジェクトの全貌【SAGA：02】」（https://www.animatetimes.com/news/details.php?id=1539407067）。なお、Cygamesの初期代

映画ジャンルの嚆矢となったジョージ・A・ロメロ監督の『ゾンビ』（一九七九）が、ショッピングモールを舞台にした消費社会批評としての側面を持つことへのリファレンスを含むからである。アニメ『ゾンビランドサガ』をゾンビ映画というジャンルの観点から考察することはもちろん可能であり重要だが、*14 アイドルやコンテンツツーリズムと消費の関わりをゾンビというモチーフ「を通して」捉えることで、すでに存在しない場所へと向けられるツーリズムへの眼差しや飽和したジャンルへの批評的視座を見出すことができるように思われる。グループアイドルの活動を通じて、存在が風前の灯火である佐賀を盛り上げるという、一見自虐的な初期設定のおかげで、コンテンツツーリズムやアイドルを主題にしたアニメの大半がネガティヴな側面を扱うことをリスクとみなす傾向があるなか、「作中の舞台をシンプルに称える」のではない仕方で佐賀の魅力を扱う展開が可能になり、結果的に題材の肯定的な側面を取り集めるうえでのフックとなっている。

この点で興味深いのが、タイトルの「サガ」を佐賀県と重ねるダジャレ設定においても、他の作品のリファレンスを含んでいることであり、佐賀県ではスクウェア・エニックスのRPG『ロマンシング・サガ』シリーズとのコラボイベント「ロマンシング佐賀」が二〇一四年から行われていたという文脈が存在しているのだ。*15 『ゾンビランドサガ』はMAPPA、エイベックス・ピクチャーズ、Cygames（サイゲームス）の共同企画であり、現代では通例となる複数企業が参与する製作委員会方式のアニメであるが、アニメへのメディアミックスに力を入れていることで知られるモバイルアプリのゲームメーカーCygamesの社長が佐賀県出身であることが企画の決め手となったという。*16 ゲームとの関連で成立した「ロマンシング佐賀」という先行モデルが、『ゾンビランドサガ』におけるユニークなコンテンツツーリズムを成立させるうえで重要だったように思われる。例えば『ゾンビランドサガ』で「天才子役星川リリィ」（一九九九―二〇一一）を演じた声優の田中美海

表作『グランブルーファンタジー』（二〇一四〜）の世界観が、スクウェア・エニックスを代表するRPG『ファイナルファンタジー』の初期シリーズを強く意識したものであることは広く知られている。

*17 「声優の田中美海さん、ドロンコになった姿が「可愛い」と話題に（動画・写真）」（https://www.huffingtonpost.jp/2018/05/28/tanaka-minami_a_23444906/）。アニメ放映に数カ月先立つこのニュースの『ゾンビランドサガ』との関連が事前に気づかれなかった理由としては、「フランシュシュ」という文字すらあしらわれている田中美海着用のTシャツのデザインが、アニメとの関連を想起させないよう意図的に「ダサいデザイン」として設定されており、アニメ内ではプロデューサー巽のセンスの問題として扱われていたことも挙げられるだろう。

*18 『日本大百科全書』の「サガ」（谷口幸男）（https://kotobank.jp/word/サガ-68419）と「伝説」

が、アニメ放映前に佐賀県鹿島市の干潟で行われるイベント「ガタリンピック」に関連企画と知られることなく出演していた[*17]ことや、前述した「寿通り商店街」という訪問不可能なロケーションを舞台にするという形で、コラボレーションの振れ幅を許容する展開がもたらされたのではないだろうか。

したがって『ゾンビランドサガ』における「サガ」は、地名としての「佐賀」であることが前提となっており、RPGの「サガ」シリーズが物語ジャンルとしての「サガ」と曖昧に保っているような、ファンタジーへの連想をそこに見出すことは困難だろう。だがその代わりに、『ゾンビランドサガ』では、正体バレを防ぐべく、〇号から六号というナンバリングが振られているフランシュシュのメンバーの全員が、なんらかの「伝説」を担う存在とされている点が興味深い。[*18]「伝説」は具体的な事物や場所との関連をもつ虚構という性質を帯びるため、主要登場人物が非業の死を遂げたゾンビすなわち「アンデッド」であるという設定との結びつきが密接になるからだ。なかでも幕末から明治初期に生没年が設定されている「伝説の花魁ゆうぎり」（一八六三―一八八二）については、続編『ゾンビランドサガリベンジ』において、明治初頭の佐賀の乱からしばらくの間、現実に佐賀県が存在しなかったという士族反乱を参照したエピソードが描かれた（『ゾンビランドサガリベンジ』第八話「佐賀事変其ノ壱」と第九話「佐賀事変其ノ弐」）。「佐賀県の存在そのものが風前の灯火」というコメディ設定にこうして一定の根拠を与えられたことになるわけだが、こうした「前史」がすべてのメンバーに対して与えられていることについても、「伝説」という言説ジャンルとの関連で捉えることができるだろう。[*19]

このように、テレビアニメ『ゾンビランドサガ』の魅力を検討することは、無数のリファレンスからなる「複合的な記号」の読解という様相を呈している。主人公源さくらをはじめとしたグルー

（野村純一）の定義を参照。ドイツ語のSageが英語のLegendと対応するため両ジャンルの関係はときに曖昧になるが、例えばアンドレ・ヨレス『メールヒェンの起源』高橋由美子訳、講談社学術文庫、一九九九年のように、多種多彩な言説ジャンルの「単純形式（Einfache Formen）」において「聖人伝（Legende）」と「一族物語（Sage）」を区別する議論を念頭に置いている。『ゾンビランドサガ』の「伝説」は、同書の「現代の聖人伝」（九四―九七頁）がスポーツ選手を例として挙げているように、「世俗化した聖人伝説」に近いように思われる。同書英訳（André Jolles (translated by Peter J. Schwartz). *Simple Formes*. VERSO. 2017）の序（pp. vii-xviii）でフレドリック・ジェイムソンが考察している言説ジャンル論を、例えば現代の消費社会の「カルチュラルドミナント（cultural dominant）」（Fredric Jameson. *POSTMODERNISM, or, the Cultural Logic of Late Capitalism*. Duke U.P. 1991）と結びつける作業は今後の課題であ

プアイドル「フランシュシュ」メンバーにはどうやら「不運」がつきまとうらしく、その活動は数々のトラブルに見舞われる。音楽フェス「サガロック」会場には雷が落ち（第七話「けれどゾンビメンタルSAGA」）、「唐津市ふるさと会館アルピノ」の建物は部分倒壊し（第十二話「グッドモーニングアゲインSAGA」）、佐賀県全域が大規模災害に巻き込まれることすらあるだろう（『ゾンビランドサガリベンジ』第十二話「史上最大のSAGA」）。こうした物語展開は、ゾンビとしての死者蘇生の冒瀆性を暗示しつつ、アイドルという存在そのものに過酷さがあるのではないかという、アイドルアニメについての印象へのメタ言及とみることができるかもしれない。アイドルアニメは二〇一〇年代に興隆をみたのち飽和していったジャンルであり、二〇二〇年代以後も一定の進展を遂げることは間違いないものの、ハロプロや48グループといったグループアイドルのモデルとともに変容を余儀なくされるだろう。[*20]『ゾンビランドサガ』のフランシュシュが数々のトラブルにもかかわらず、どうにかライブを成り立たせる場面がもたらす感慨は、端的に生命感が溢れた場面としてではなく、一度生命を失った文化的参照の「かけら」としてのキャラクターが拾い集められ、生き延びる《サヴァイヴァル》アンデッドの場面として上演されているという事態への感嘆なのではないだろうか。そうした事態をより網羅的に検討する「アニメのジャンル論」の構想は今後の課題となるが、アニメ文化のポテンシャルをこうした観点から検討していくことは、膨大な作品群のすべてを活気付けることの困難と、だがそれにもかかわらず、単体では自律したものとみられにくい映像の断片の魅力への注視を伴うことになるだろう。

る。

*19　例えば作中では「カワイイ」文脈で言及されることが多い「天才子役星川リリィ」には、第二次性徴（ひげやすねの発毛）のショックによる心臓麻痺で死んだという一見コメディ的な設定が与えられているが、過労状況や性自認をめぐるプレッシャーという背景が明示されており、ゾンビ姿で再会した父親との葛藤が物語展開の鍵となっている（第八話「GOGOネバーランドSAGA」）。

*20　例えば『ユリイカ』二〇一六年九月臨時増刊号「総特集　アイドルアニメ」は、二〇一〇年代中葉におけるジャンル状況についての興味深いドキュメントである。また石岡良治『現代アニメ「超」講義』PLANETS、二〇一九年、の第四章では、アイドルアニメ『プリパラ』を中心に、「キッズアニメ」としてアーケードゲームと結びついたアイドルモチーフの概観および「ナンセンスなもの」のポテンシャルの分析が試みられている（二二四―二七一頁）。

第Ⅱ部

キャラクターを動かす——現代アニメにおける「作画」

対談　キャラクターを動かす——現代アニメにおける「作画」

林明美・溝口彰子（聞き手）・小池隆太（司会）

小池　それでは始めたいと思います。第2セッション「キャラクターを動かす——現代アニメにおける「作画」」ということで、ゲストに林明美さん、聞き手として溝口彰子さんをお招きしております。まず、登壇者のプロフィールを簡単に紹介させていただきます。

　林明美さんは、肩書きとしては、アニメーター、アニメーション演出家、キャラクターデザイナー、『フルーツバスケット』『PEACE MAKER 鐵《くろがね》』『同級生』などのアニメ作品でキャラクターデザインを担当されていて、『少女革命ウテナ』では作画監督を務めたという風に、皆さんのお手元の資料では三行でまとめられているのですが、実際には作品リストを挙げれば、もうＡ４一枚で収まらない。林さんの作品リストをずっと挙げていくと、あ、これ観てる、これ観てる、これ持ってる、みたいなね、そういう方にお会いするということですね。三行にまとめるのがもったいないぐらいの、日本の一九九〇年代以降のアニメを背負ってこられた方ですので、そのあたりの話も伺えればという風には思っています。

　そして、林さんに話を伺っていただく聞き手は溝口彰子さんにお願いいたします。溝口さんは、ビジュアル&カルチュラルスタディーズのPh.Dをお持ちで、現在、法政大学などで講師をされていらっしゃいます。ご著書としては、『ＢＬ進化論』そして『ＢＬ進化論　対話篇』[*1]が有名ですね。「ボーイズラブが社会を動かす」「ボーイズラ

＊1　溝口彰子『ＢＬ進化論——ボーイズラブが社会を動かす』（太田出版、二〇一五年）、『ＢＬ進化論　対話篇——ボーイズラブが生まれる場所』（宙出版、二〇一七年）。

ブが生まれる場所」という副題からも分かりますようにBLを主題にした書籍ですが、マンガ研究全体からみても必読書だと思います。

　ここまで話していてある程度ご察しがつくかと思いますが、このセッションには補完テーマ的なものがありまして、アニメの中でも女性向けの作品というものを扱うこと、具体的には中村明日美《あすみ》子《こ》さんのマンガ作品『同級生』*2、そのアニメ化にたずさわられた林さんにお話を伺うという形式をとって、テーマに詰め寄っていただくということになっています。

　ここで女性向けというのは、あくまでも女性の人が視聴者として観るということを前提に考えているというくらいのニュアンスであって、特にBLなどのジャンルっていうことを考えているわけではありません。もっと広くアニメーションの中において女性がどのような表現や主張を求めているか、それをふまえて作り手の方々がどのように取り組んでこられたか、というふうに捉えていただければと思います。

*2　中村明日美子『同級生』（茜新社、二〇〇八年）、季刊の雑誌『OPERA』vol.3（二〇〇六年七月）～vol.7（二〇〇七年七月）に連載された。同OVA作品（監督：中村章子、キャラクターデザイン・総作画監督：林明美、美術監督：中村千恵子、制作：A-1 Pictures）は二〇一六年二月劇場特別公開（配給：アニプレックス）、同年五月にブルーレイ&DVD発売。

　私から最後にもう一点、最近の若い会員の方はあまりご存じではないかと思うのですが、この記号学会では単純に学会発表やシンポジウム報告をするだけではなく、実作をされていらっしゃる方から実作品の展示やスライド投影などを拝見させていただいて、その作品について語っていただくということをよく行ってきました。今回、アニメ作品でこのようなセッションができるのも記号学会らしさだと考えていただければと思います。

　今回時間がタイトで質疑の時間がほとんど取れないのですが、司会の方であらかじめ会員の関心に沿うような形でこちらから尋ねたい事項を林さん・溝口さんに送付させていただいており、その点を反映しながらお二方に話を進めていただくことにしております。それではさっそく溝口さんにバトンを渡したいと思います。よろしくお願いします。

『同級生』のキャラクターを描く

溝口　ありがとうございます。溝口彰子です。今日聞き手を務めさせていただきます。よろしくお願いします。お忙しい中、林明美さんを説得しまして出ていただきました（笑）。よろしくお願いします。

林　林です。溝口さんに説得されて来ました（笑）。よろしくお願い致します。

溝口　ではさっそく『同級生』のアニメ化を中心に、そして最後の方で少し『BANANA FISH』[*3]と『少女革命ウテナ』[*4]のお話もしていただく予定です。中村明日美子先生の『同級生』シリーズ、原作のマンガをご存じの方も多いと思いますけれども、先ほど紹介していただいた私の『BL進化論』という本の中で、進化形BLの最前線として分析しました。そのことを詳しく話す場ではないのですが、少しだけお話をすると、『同級生』シリーズは二〇〇八年から単行本化が始まり、現在〔二〇一九年六月〕六冊が出版、現在では『OPERA』という雑誌で連載が再開されています。天然パーマで金髪でバンドをやっている草壁くんと、メガネの優等生の佐条くんという男子高校生が出会って、合唱の練習や進路をめぐるすれ違いなど、高校生ならではのエピソードを通して、真面目にゆっくり恋をする様子が描かれており、二〇〇八年の時点での商業BL業界ジャンルのBL学園もののスタンダードを更新したとも言えるような人気作です。

なぜ進化形と私が呼んだかというと、BLエンターテインメントでありながら、現実の社会にもリンクしていて、社会がホモフォビアを乗り越えるヒントを示しているからです。現実にもしあの二人がいたらゲイの高校生ということになるわけで、彼らがどうしたらハッピーに生きていけるかな、どんな風な悩み事があるだろうか、カミングアウトを周囲はどう受け止めるだろうか、といったことが、現実の日本社会よりもゲイにとって少し、優しく、しかし、現実的にも真似しようと思えばすぐにできるようなエピソードが描かれている。九〇年代の多くのBLが現実のホモフォビアを前提としていたのとは違って、現実社会がホモフォビアを乗り越えて進化するにはどうしたらい

＊3　吉田秋生『BANANA FISH』（全一九巻、小学館、一九八五～一九九四年）、同TVアニメ作品（監督：内海紘子、キャラクターデザイン：林明美、制作：MAPPA、フジテレビ系列で二〇一八年放送）。

＊4　TVアニメ作品『少女革命ウテナ』（原作：ビーパパス、監督：幾原邦彦、キャラクターデザイン：さいとうちほ・長谷川眞也、制作：J.C.STAFF、テレビ東京系列で一九九七年放送）、同劇場版アニメ作品『少女革命ウテナ　アドゥレセンス黙示録』（監督：幾原邦彦、作画監督：林明美・たけのうちのぶゆき・長谷川眞也・川嶋恵子・相澤昌弘、制作：J.C.STAFF、配給：東映、一九九九年八月公開）。本対談で言及されるのは後者の劇場版である。

いかを示している、それを進化形という風に論じました。
　中村明日美子先生の絵柄がかなり特徴的なので、アニメ化されるとは当初は思っていなかったファンが多かったのですけれども、二〇一六年五月に六〇分のアニメとなって、こちらがアニメの方の絵ですけれども、ＯＶＡ[*5]であるにもかかわらず、映画館で特別上映もされたんですよね。映画館で観た方も多いのではないかと思います。私が映画館に行った時も、明らかにリピーターの方たちがずらっと気合を入れて座っていらっしゃって、盛り上がっていました。私はもともと原作ファンだったので、「原作通りのアニメだぁ、嬉しい！」って言って萌え散らかしていたわけなんですけれども（笑）、『ＢＬ進化論　対話篇』の方で原作者の中村明日美子先生と対談をしたときに、「もともと原作ファンじゃない方たちが作ってくれたから、原作通りにしなくちゃって思いじゃなくって、自分たちの作品として消化して下さったから、いいアニメになった」とお話をされて、原作を変えることに遠慮しない人たちが作ると、結果的に原作ファンが原作通り！って思うアニメになるっていうのは非常に面白いなと思いまして、今日、この作品ではキャラクターデザインと作画総監督を務められた林明美さんに、お話を伺えることを楽しみにして参りました。さて、原作の明日美子先生が、いろんな所でお話されていますが、アニメ化の最初の打ち合わせのときに、中村章子監督と林明美さんがいらっしゃって、すでにそのとき林さんがお描きになったイメージ画があった、と。
林　そうですね、作品の世界観をアニメの絵に置き換えると、こんな感じになります、という……。
溝口　この二点を？
林　はい、明日美子先生にその時提示させていただいた、一番最初に描いた二点です。[*6]
溝口　その時点でもう「このアニメ化はすばらしいものになるに違いないと確信した」という風に明日美子先生が語っておられました。そして、な

＊5　オリジナル・ヴィデオ・アニメーション。家庭での視聴用のパッケージ販売のアニメ作品。

＊6　林明美『林明美アニメーションワークス thesaurus』（一迅社、二〇一九年、八四頁）で『同級生』作品イメージラフとして確認することができる。

るほど、原作のあの雰囲気があるなと思いますし……。言語化が難しいですが（笑）。

林　（笑）。明日美子先生のキャラクターは、シルエットがすごく特徴的で、足がひょろっとしていて、線があまり多くない、記号化された作風が特徴的なので、アニメに起こすにあたってもやはりそこは再現したいなぁという部分で。マンガのコマで私の中で印象的だったところを二つほど拾わせていただいたんですけれども……。ここは、草壁くんが佐条くんのカゲレン〔影練習〕のシーンを目撃するっていう、作中でもすごく印象的なシーンだと思うんです。原作の空気感を重要視した先ほどのイラストと、また少しテイストが違う二点を提示した方がわかりやすいかなぁというので、この二点になりました。

溝口　私、先ほど原作そのまんまのアニメでやっほーって思ったって言いましたが、改めて見直してみると、フレームでの切りとり方とかカメラの位置とかアングルとか相当ちがうんですよね、アニメは。でも原作ファンとしてすごく印象に残っているフレームはそのまんまっていうのも所々出てくるっていう、そのバランスがすごく絶妙だなと思いました。というのも、原作ファンがハッピーになっただけじゃなくて、アニメの方から入ってくるという方もたくさんいたという風に聞いています。具体的に、原作通りのフレームは数えたら二八カ所ありました（笑）。

林　そうなんですね（笑）。

溝口　具体的にうかがっていきますと、コマとコマの間を、もちろんアニメーションなので動きで埋めていくという作業をなさるわけですけれども、その中で特に大変だったという風に仰っていたのが、原作ではこの見開き二ページのみのライブハウスのライブのシーンなんですよね。で、これが原作で、ちょっとアニメの方を音無しで……。〔OVA版：三〇分一九秒～同五五秒の約三六秒間〕[*7]

林　原作だと二ページしかないのですが、アニメーションというのは動きが付いて音も付いて色も付くので、やはり映像作品として成立させなければ

＊7　『同級生』一〇八～一〇九頁。

ばいけないっていうのがあります。その二ページのこのシーンはすごく大事で、佐条くんが学校とは違う草壁くんの一面を見るところなんですけれど、印象的なこのシーンを流れを崩さずに行間を埋めつつ、映像としてどうやって起こしていこうというのはコンテの段階でもけっこう苦労しました。私はコンテは三話の「馬鹿と大馬鹿」を一本だけ担当しているのですが、他の三本は監督の中村章子さんが描かれていて、一応そちらの流れに合わせる形で描いています。

溝口　原作では五話あるのを四話に絞って、六〇分のアニメ化になっているんですよね。最初から六〇分で、というのは決まっていたっていうことですか?

林　そうですね、一応、中編作品ということで、OVAっていう形はとっているんですけれども、劇場でかけるっていうのも決まってまして、六〇分以内に収めてほしいというオーダーが最初からありました。そうするとどうしても原先生と佐条くんのエピソードが入らないということで、今回は主役の二人にスポットを当てるっていうところで、そこは削らざるを得なかったんです。

溝口　アニメを初めて観たときに一番印象に残ったのは、炭酸水のシュワシュワが、ものすごく増幅されてるなぁって思ったんですね（笑）。炭酸水のシュワシュワは二回あるんですけど、これ最初の方のシュワシュワで、原作の二六ページと二七ページ、そして二八ページと二九ページのシュワシュワです。原作でもシュワッとしてはいますけれど、さらにということ……。これがアニメの八分四五秒ぐらいですね。

林　一話、原作にないカットというか絵面《えづら》が多いと思います。溝口さんも見比べてお気づきになったとおっしゃってますが、このペットボトルがすごく効果的に使われていると思うのですが、ペットボトルが落ちるカット、床に転がるシーンがあったりとか、あと噴水のカットが追加されていたりとか、ここですね、二人がアクシデント的にチューをするってところがすごく自然に流れで上手くいってるかなぁと思いますね。マンガへの背景〕は白いので、夜とか昼とか季節感は情報として活字としてあったとしても映像になるとより表現しやすくなります。アニメ『同級生』は季節感や時間帯とかをより色や空気感で表現したいということもありまして、実はシーンやカットですごく細かく色を変えてたりとかします。

溝口　ここでもまたシュワッともう一本のボトルがあって、非常にこの水の演出がとっても色っぽいというか、艶っぽい……。

林　そうですね、一話のここは夏なので、夏の季節のちょっとこう、空気の重たさとか、そういう温度感は、炭酸水ってすごく夏にぴったりだし、水のカットは心情と合わせて使われていると思います。

溝口　草壁くんがペットボトルを拾おうとする左手に、佐条くんの右手が重なる時にも、ペットボトルからは炭酸水が流れ出ていることで、シュワシュワ感が増幅されています。

林　手を使ったシーンもマンガは一枚で描かれてたんですけど、それをアニメではカットを割ることによって、より印象づけられるっていうのは映像ならではかなぁと思いますね。あと原作のこのページ[*8]も背景が真っ白な部分が多いですよね？　でもアニメーションでは時間の流れ上、夜色にはしてるんですけど、シーン的に印象づけたくて、わざわざ白飛びのBG〔バックグラウンド。背景〕、白飛びっていうのは白っぽいBGにして、キャラクターを際立たせて見せるという手法として使います。これはマンガのコマの印象を重視したいっていう意図で、夜のシーンではあるのですが、あえてそこの数カットだけ白飛び背景を挿入したりとかしてます。

溝口　一話に関してはもう一つポイントがあって、原作者の明日美子先生はコンテでチェックをなさったそうですけれども、ここはアップにして下さいという指示、というかお願いがあったというところが……。

林　〔一話の〕最後の倉庫のシーンですね〔OVA版：一三分三〇秒以降〕。初チューの。たしかに原作を読むとけっこうキスシーンはアップのこ

＊8　『同級生』二七―二八頁。

とが多いですけれども、監督の中村章子さんが照れが入ってしまって、引き気味にしてしまったと言っていてロングで描いてたら、明日美子先生から「ここはサービスなんでアップでお願いします」と（笑）。「どうしても恥ずかしくて引き絵にしてしまったけど、そこはやっぱりチェックが入った」と当時言ってました（笑）。

溝口　ちゃんと比較してみると、一話は原作そのままのフレームっていうのは、二つか三つぐらいしかなくて、その分マンガよりも状況がスムーズにわかるようにロング（引き）のカットとかが多いですよね。

林　さっきの教室の俯瞰のシーンもそうですし、学校だけをカメラで抜いたりとかっていう描写は、一話は映画作品としての導入にあたるので、初見の方にもある程度最初は説明が必要っていうのもあります。ある程度これはこういう作品ですよ、高校が舞台ですよっていうところで、多少説明が入ってるとは思います。

溝口　これは一話の合唱祭で歌っていると、突然草壁くんが涙を流して走って出ていっちゃうというシーン〔OVA版：一一分一七秒以降〕なんですけれども、ここも原作のマンガだと当然、走っている動きというのはなくて、私たちは静止画から走っていると読みとっているわけですが、このアニメーション版ではどのように草壁くんと佐条くんが違う走り方をしてるかっていうのを……。今回私、音無しでアニメ観るっていうのほぼ初めてなんですけれど、おもしろいなぁと思って。

林　音も情報のひとつなので、音を使った〝間〟が生まれることによって緊張感も増したりとかはするのですが、この辺りからですね（映像を見ながら）アニメーションって動きでキャラクター性を表せたりとかします。原作のコマだと一枚で描かれてますけど、冒頭の下駄箱から教室に向かう草壁くんもそうなんですが、佐条くんは運動そんなに得意ではないイメージもあったのでちょっとコケそうになったりとか、劇中の二人の走り方に差を出すことで、キャラクター性が出るっていうのは、やはりアニメーションの面白味かなぁと思います。

溝口　草壁くん、ちょっとガニ股なんですよね。

林　中村明日美子先生の絵がすでにちょっとガニ股っぽくて、シルエットがすごいルパンっぽいんですよね。

溝口　（笑）

林　ひょろっとしてて、お尻小さくって、四肢が長いっていう、やっぱり動き描くときにイメージしたのはルパンだったりとかしてまして、決してスマート過ぎないというか……。

溝口　最初の方の下駄箱のシーンで、すでに草壁くんがちょっとガニ股っぽく。

林　そうですね、飛び跳ねる感じはやはり中村明日美子先生のコマのニュアンスから既に飛び跳ねてる雰囲気があるので、そこから拾ってるんだと思います。

溝口　草壁くんの動きはもちろんわからない。というか、マンガでは読者が脳内で補完して読んでいますが、その飛び跳ね感をキャラクターでアニメの動きとして見せられた、と……。

林　そうですね、そこからスタッフの私たちが読みとった情報として、そういうキャラクターの印象があったので、それを動きとして表現するっていう。

溝口　すごいなぁと思ったんですけれども、原作通りのコマ撮りやフレーミングみたいのが全部で二八カ所ぐらいあったっていう話をしたんですが、それは読者にとってすごく印象に残っているシーンばかりなんです。なので、原作者に「どのフレームはそのままにしたほうがいいですか」といった確認をされたのかなぁと思ったら、そうではない、と。中村監督や林さんたちが自主的に、「ここだ」と読みとってピックアップされたっていうことを仰ってましたよね。

林　実はこの作品、脚本が存在してなくて、コミックスから直接コンテを起こしてるんですが、起こす時に小さいコマのト書にある台詞を入れる入れないっていうのも、コンテを描く段階でリズムを邪魔しないものであれば、あえて拾っていくっていう形にしています。こちらが読みとったものに対して、違いがあったら先生にご指摘いただくっていう形でチェックをお願いしていました。ありがたいことにほとんど無くて……。たぶん先ほど少し出た一話のちょっとアップにしてくださいとか、そういう部分はありましたけど。先生ご自身、すごくファンの方たちを大切にされてる印象を受けました。ファンの方が見たいであろう絵は入れてほしいっていう感じでしたね。

溝口　中村明日美子先生が色んなインタビューで、コンテのチェックの段階で、もうこれは本当に確実にすばらしいアニメになると確信したっていうことを仰ってますよね。下駄箱のところ、原作ではここですよね？[*9]

林　そうなんですか？　光栄です（笑）。この走っているコマも、上段から下段の一コマで、左側も廊下ですね。下駄箱と廊下のシーンもアニメーションでつなぐためにカットを増やして膨らましてるっていうことになります〔ＯＶＡ版：二三分三〇秒〕。下のコマ、佐条くんが先にアップになっていますが、アニメの方では草壁くんのアップがあってから入ってると思います。佐条くんのアップなし。その方がより印象づけられるっていうところで、ここは先にアップにしないで引きから入って、遠目で彼の姿を映して、その次に顔にカメラが寄って行くという流れで。

溝口　引きから入って、そのあと主観カットということで、アップに行くっていうことですよね。これは実写映画でも同じだと思うんですけれど、登場人物が見ているものを映すというのが主観カットとか主観カメラと言われていて、その登場人物が実際に見えている大きさよりもクローズアップになると、その人物の心理的な興味の強さみたいなものが、観客には自動的に印象づけられていくっていう、それを使われてるわけですよね。

林　そうですね、映像のすごく顕著な手法だと思います。実は他の生徒たちもシーンの中でけっこう細かい芝居をしてましてですね……。

溝口　（笑）

林　舞台は男子校ですが、ロケハンに行った学校

＊9　『同級生』六三～六四頁。進路指導室から草壁と佐条が外へと走り出るシーンで、アニメ版では廊下や下駄箱が描かれており、廊下を走るシーンでは主観ショットが用いられているが、原作マンガでは進路指導室の扉以外は背景に描かれておらず背景は白抜きである。

は共学だったんですけれども、そこがまたいい感じに年季が入ってる学校で（笑）。

溝口 （笑）

林 昇降口の下駄箱とか、ほんとに扉がなかったりとか、ゴミが入ってたりとか、大きく凹んで壁紙は破けていたり、雰囲気でまくり……と思いながらロケハンしてました。男子校っていう雰囲気は、こういう細かいところからも出せてるかな、とは思います。世界観をより作り込むっていう部分のこだわりの美術が素晴らしいです。

『同級生』の世界観をアニメ化する

溝口 ここまでキャラクターのことについてお話を伺ってきましたが、キャラクターではない背景、美術と呼ぶそうですけれども、こちらのこだわりについても教えていただければと思います。

教室のこれ、途中段階のスチールです。アニメからキャプチャーしたものではなくて、林さんにお借りしたものです。

林 そうですね、この段階で美術はもう完成したものなんですが、撮影処理を加える前の素の美術の素材のみの状態でもうこのクオリティなんです。中村先生のイラストを見ると白い部分がすごく多く占めてて、窓の外をあえて描かないで、二人に視線を持っていきたいっていうのがあると思うのですが、美術監督の中村千恵子さんがその雰囲気をかなり再現されてて、そこに撮影処理が加わることにより逆光感が強調されてます。この白飛ばしのような背景はあまりアニメでは使われません。今回『同級生』の世界観ではすごく大事かなぁと思える効果ですよね。

溝口 窓があると窓の外のものが見えるっていう場合も多いと思うんですけど、『同級生』ではいつも白く飛んでいるところが、原作の空気感と共通して感じられます。美術の中村千恵子さん、中村さんが多い作品なんですけれど（笑）、美術の中村千恵子さんもすごくこだわって、中村明日美子先生の原画展に取材に行かれたっていうようなことをお話されてますよね。

林 一番最初プロジェクトが始まったばかりのと

きに、ちょうど明日美子先生の原画展をやっていまして、そのときに生の原稿を展示会で拝見させていただいたんですけれど、美術の中村さんが生の原稿を食い入るように見てらして、どういう絵具、色を使ってるのかじっくり観察されてました。今回は白でも時間帯によって黄色を入れたり、薄いピンクを入れたり、グレーをちょっと混ぜたり。『同級生』は基本空が白いシーンが多いんですけれども、同じ白でも全部季節と時間によって、真っ白ではなくて色が少しずつ入っているとおっしゃってましたね。美術の中村さんの凄いこだわりを感じたエピソードです!

溝口　では次にモブ（群衆）のお話を……。原作者の中村明日美子先生と『BL進化論　対話篇』で対談をしたときにもう一つすごく印象に残ったお話っていうのが、人物を描いているとそのプロセスで段々とそのキャラクターのこと、人物のことがわかってくる、と。だからモブはすごく速く描くし、目鼻を入れなかったりもするしっていうことをお話されていたんですね。あともう一つは、見えているものしか描きたくないから、モノローグっていうのは基本的にやらないっていう風に仰ってたんですが、そうするとこの合唱の練習のシーンも草壁くんと佐条くん以外の生徒の顔、目鼻がないんですよね。ちょっとすごく不気味に思うかと思いきや、それがなんかすごくすんなりして、自然とその二人と、あとハラセン、指揮をしてる音楽の原先生ですけど、ハラセンだけに目がいくっていう効果だなと思っていたらば、アニメでもそこはそのような表現になってて、おお、と思いました……。他のアニメ作品ではあまり見たことがない気がします。

林　そうですね、先ほどマンガは背景を描かなくても気にならないっていうメリットがあると言われましたけど、アニメでは色が付くのでモブといえど顔を描かないっていうのは（小さいサイズだったらよくやるんですけれども）今回『同級生』はアップなどでもあえてそれを再現しています。先ほど視線の誘導、メインキャラクターに目を行かせたいときは役割のない人には原作同様、目鼻を描かないようにしてました。同じ人でも台詞があったりとか役割があったりすると現れたりします。その辺りは本編中のキャラクターの役割だとか、カットの内容に応じて変えたりとかしてますね。

溝口　なるほど。

林　あと髪の色ですが、男子高校生の中で佐条くんが一番暗い、で、草壁くんが一番髪が明るいっていうのを決めて、他の生徒はその幅の中で全部色を決めています。監督のこだわりです（笑）。

溝口　アニメにおいて顔が映ってるはずなのに目鼻が描かれてないこの合唱のシーンっていうのは、原作ファンは原作通りだぁ、と思ったわけですけども、アニメから入った方にとっても自然に受けとめられたんでしょうか？

林　そうですね、別会社のプロデューサーの方が「別作品でおなじことやりたかったけど上手くいかなかった」と仰っていた、という話を聞いたことがあります。それは全体的な作品の世界観作りだったりとか、キャラクターのデザインだったりとか、シルエットの取り方だったりとか、色んな要素が絡んでくると思いますが、作品に関わってない方が見て違和感がないんだったら上手くいったのかな？とは思いましたね。

溝口　あんまり他のアニメで使われることのないやり方だということですか？

林　そうですね、ここまで大胆に顔を描かないっていうのは、絵描きとしてもけっこう勇気がいるので、色が付いてみたらやっぱり変って感じるときもあるんですよ。『同級生』は線が少ないので、よりキャラクターを記号化してるという利点かもしれません。

溝口　モブの子たちには目鼻もない一方で、草壁くんと佐条くんっていう二人にまつわる小道具はとっても細かいところまでデザインなさったっていうことで、さっきの炭酸水のところでも出てきましたけれど、KIRIN NUDA ならぬ KIPIN NUDE、のところをちょっと、観ていただきましょう。

林　『同級生』の連載が二〇〇六年でしたっけ？

二〇〇七年？

溝口　二〇〇六年から七年にかけてでした。

林　アニメも時代設定は原作連載時の年代に合わせています。そのためスマホではなく携帯が二つ折りだったりとか、このペットボトルのデザインも当時のものをベースにしたりとか……。

溝口　そうなんですよね。キピンヌードならぬキリンヌーダ、もう売ってないんですよね（笑）。

林　そうみたいですね（笑）。でも一部のこの時代に飲んでいた方からは、懐かしい！みたいなリアクションはありましたけど。

溝口　あと携帯の画面っていうのも……。〔OVA版：二六分。第三話冒頭〕

林　携帯は原作だとそんなに画面が大写しにならないのですが、アニメの中では携帯をアップで写すときはどうしても画面の情報が必要になります。そのための画面デザインをオサカベさんというデザイナーの方に画面もモーションも含めお願いして世界観合わせで作ってもらっていますね。

溝口　空がほんとにすごく白いです……。〔画面を見ながら〕

林　ここは二話で、雨上がりなので、たしかにちょっと曇天ではあるんですけど、普通だったら少し雲描いたりとか、色味にグレーを入れたりとかするんですけど、イメージシーンに部分は完全に白飛ばしでより印象づけるようにはなっています。三話のライブのフライヤーは一応、原作通りではあるんですけど。明日美子先生、『ガンダム』*10もお好きですよね（笑）。

溝口　え？

林　ファースト『ガンダム』。だから『ガンダム』ネタがちょいちょい入っているのかな？と（笑）。先ほど、モブの顔を描かないってくだりがありましたが、なぜかランバ・ラルみたいなどう見ても高校生には見えない生徒（口髭のおじさん）が歩いていたりとか、遊びがたくさんありますよね？

溝口　（笑）。

林　そこにいるだけのクラスメイトがなぜか『スターウォーズ』のジェダイ・マスターのヨーダの

*10　『機動戦士ガンダム』シリーズの一番最初の作品である、TVアニメ『機動戦士ガンダム』（全四三話。総監督：富野喜幸、日本サンライズ、一九七九年放送）を他のシリーズ作品と区別するためにとくに「ファーストガンダム」と呼ぶ。「ランバ・ラル」はその登場人物。

顔真似してたりとか（笑）。そういう先生の遊びはほぼ全部拾っています。

溝口　そうなんですね（笑）。

林　そうなんです。私たちが原作読んだときにクスッとした部分ですし、そういうのはアニメに置き換えても遊びとして楽しいので私たちも面白がって入れてましたね。

溝口　そういうところも原作の世界観っていう風に、原作ファンとしては思うんですよね。

林　ランバ・ラルみたいなキャラをちゃんと気づいてくれる人がいて、嬉しかったです。

溝口　（笑）。さっきもアニメのフレームの中に小さいフレームがっていうのが少しあったんですが、もう一つそれを……。これが原作の、引きで小さく草壁くんが傘さしてててデフォルメされているっていうところの、アニメでの表現をちょっと観ていただきます[*11]〔ＯＶＡ版：一七分二三秒〜〕。アニメでの表現が、このフレームの中に、縦長のフレームが使われているところですけど、ここはどういう狙いで？

*11　『同級生』四九頁。

林　原作の方も縦ゴマだったりとかしてるのもありますが、アニメーションは横長の画面なので、ここまでデフォルメされたものを横長の画面にそのまま置きかえると、印象が変わってしまいます。このカットはワイプ的にフレームを使っているのですが、カット代わりで縦ゴマをワイプで使うというところで多分このレイアウトになっていると思います。ワイプで閉まるときに傘だけが残るというのもアニメーションならではの動きだと思います。

溝口　なんだか、本当に『トムとジェリー』みたいな感じですよね。

林　そうですね。

溝口　小さいコマみたいなものをアニメーションでもワイプっていうんですか？

林　ワイプはカット替わりで使用したりとか、カット内で絵を変えたいときに使ったりとかします。線やキャラの動きを使って画面が変わったりとか、ワイパーみたいなイメージです。

溝口　なるほど、面白いですね。実写映画の分析用語だとワイプって言うと画面が変わるときにくるっと雑巾で拭いていくみたいにこう変わることをワイプって言うんですけども。

林　近いものだと思います。そこはアニメも実写から来ている用語がたくさんあるので。カメラが縦に移動するパンとかそういうのも、ちょっと描写が違ったとしてもほぼ同じ意味だと思います。（二話の進路指導室を見ながら）ハラセンが持っている雑誌のデザインや参考書もオサカベさんが細かい所まで作ってくれています。こんな一瞬しか映らないのに……！（汗）

溝口　すごいですね。あと、アニメだと「縦パン」っていうんですね。私は縦は「ティルト」、横が「パン」って言いますが、たしかに日本語としての普及率は「パン」のほうが圧倒的に高いので、「縦パン」のほうが伝わりますよね。ところで、私、このアニメを観たときにCGは使われていないアニメだと思っていたんですけれども、実は使われているのですよね。

林　そうですね。

溝口　一つが、扇風機。これはブックレットに載っていたスチルのイメージを今お見せしています。動画はこの後お見せしようと思います。

林　『同級生』で３ＤＣＧをメインで使っていたのは実はキャラクターのモブが一番多いのですが、あと印象的なのは電車、小田急線ですね。扇風機はアップの一カットくらいで他は作画しています。

溝口　今ありましたよね、扇風機。

林　そうですね。

溝口　一瞬でしたけど。

林　あそこまでのアップだと細部まで正確に手で描くのはすごく大変で難しいので世界観に合わせた３Ｄを使用してます。キャラクターの雰囲気に合わせてわざわざ線を間引いたりとかしていますす。あとモブの種類は実は何パターンもあって、一話の体育館では引きサイズのキャラは手がなかったりとかというデフォルメの強いものを３Ｄでも作ってもらってます。顔ももちろん描いてないです。一般的なディテールを積むための３Ｄという使い方ではないですね。

溝口　今のところもちょっとCGの話からずれるんですけれど、こういう原作でもあった、草壁くんが寝転んでいるときのこのゲーム[*12]の中身が、原作では見えないものが作られていて、これは原作者の明日美子先生も嬉しかったたっておっしゃっていました。

林　このゲーム自体がだいぶマニアックみたいで（笑）、これは三次元さんという3Dの会社さんに発注したんですが、スタッフさんがすごいノリノリで、しかも最終的に上がって来たムービーがものすごく作り込んであって、TV画面に写ってるだけでは勿体ないくらいでした。「悪撫恨蛇ANAKONDA」[*13]（笑）

溝口　あと度々使われているのは原作でも印象に残っているコマをそのまま用いているようなカットなんですけど、そこからカメラがティルトして下に逃げていく、あるいは上の空間、何もないところからカメラが始まって下にティルトしていくと原作と同じフレーミングになっていくみたいな動きが何カ所かあって面白いなと思いました。当然、アニメならではの技法ですね？

林　ここはシーン終わり、シーン変わりというのもあって、フェードアウトという手法を使っていますが、レイアウトに空間を作ってカメラワークをつけてフェードアウトかけると余韻が残るので、流れを止めずに次のシーンにつないでいるという感じですね。

溝口　そろそろ電車が出てくるかなと思います。

林　この電車、最初細かく作り込んだ3Dとして作っていただいたものを、担当された3Dの方（女性です）が車体に汚しを手作業でつけたりとか、実線のラインを扇風機同様消しこんだりとか、ということを全部一人で担当されてました。

溝口　お話を伺えば伺うほど、気の遠くなるような作業量だなと思います。

林　そうですね（笑）。本編六〇分弱なんですけど、一番最初の作業インから軽く二年はかかっています。コンテ作業も入れるともっとかかってますかね。実作業は多分九カ月くらいなんですけ

＊12　『同級生』一五〇頁。

＊13　コナミの一九八七年の横方向シューティングゲーム『沙羅曼蛇（サラマンダ）』SALAMANDERのパロディとなっている。

ど、世界観はじめ、設定とか美術とか全体の方向性を決めるのに試行錯誤していたので準備期間は結構かかっていると思います。

溝口　林さんはその一番最初から関わられていたわけですよね。

林　そうですね。一番最初からですね。監督と私と美術の中村さんとアニプレックスのプロデューサーで林健一さんて方がいるんですけど、最初の最初は四人で、中村と林しかいないという立ち上げだったんですが（笑）。

（会場笑い声）

溝口　本当ですね（笑）。

林　はい（笑）。中村二名に林二名みたいな。

溝口　原作者も中村……監督も中村……。

林　冗談で中村と林しか参加できない作品みたいなことを言っていました（笑）。そこから現場プロデューサーとしてA-1Pictures〔現clover works〕の福島くんが入ってきて、で、どんどん他の方も合流してという感じでしたね。

＊14　ＴＶアニメ『BANANA FISH』公式サイトＵＲＬ：https://bananafish.tv/

『BANANA FISH』のキャラクターデザイン

溝口　はい。では一旦ここで『同級生』のお話を終わりにして、キャラクターデザインについては『BANANA FISH』を例にお話いただきます。私にとっては、一九六一年の森茉莉の短編小説を「広義のＢＬ」の始祖とすると、『BANANA FISH』の原作は、一九七〇年代以降の少女マンガを含めての「広義のＢＬ史」における金字塔のひとつです。何人かのキャラクターについて、マンガの画面とあとキャラクター、アニメのキャラクターは公式サイトがちょうどありますので、まずアッシュの公式サイト＊14の方からお見せしますが……。

林　デザインに関しては時代改変というデリケートな部分もちょっと関わってはくるんですが、原作が八〇年代半ばから九〇年代頭前半で約三十年くらい前になりますかね？　相当古いので、アニメーション作品として作るにあたって、もちろん原作ファンの方にも観ていただきたかったんですけど、原作を知らない年代の人にも見てもらいたいというところもあり、時代設定を現代に置き換えさせてもらって、そこをベースに主人公のアッシュと英二が今を生きる若者というところを軸にデザインを進めていきました。こちらはテレビシリーズなので、どうやっても全てのカットに私が手を入れるというのは無理なんですね。『同級生』はほぼ全部のカットに目を通させてもらっているのですが、テレビシリーズは不特定多数の方が描かれるというのを前提にしなければいけなくて、アニメーションである以上動かしたい！とスタッフが思ってくれるようなデザインを目指したいなと思っていたので、必要最小限の動かし易い情報でキャラクターを作りたいと毎回悩みます。

溝口　英二の髪型、確かに原作よりもすごくシンプルになってますよね。

林　多分英二の髪型は八〇年代後半すごく流行った髪型だと思うんですけれども、吉田〔秋生〕先生が確か英二のモデルだとおっしゃってた俳優さんがまさにこの原作に英二の髪型で。これを今の方が見たらどう思うのかというのはちょっとわからないんですが……。

溝口　やっぱちょっと古い感じはすると思います（笑）。

林　もちろん原作通りが良いという方もいらっしゃるとは思います。そこはアニメにするにあたって、今の一九歳の男の子というところを監督と試行錯誤しながら詰めていきました。

溝口　英二以外も比べてみると相当違いますね。

林　多分一番違っているのが英二とショーターだと思うんですけど、ショーターは髪を生やさせてしまったので（笑）。もちろん原作も最初は生えてるんですよ。モヒカンなんですけど、これ、原作読んでる方は一、二話観た後、どっかでショーター禿げるのかな？と思っていたかもしれないいんですけど、すいません……禿げませんでした（笑）。理由としてはスキンヘッドにしてしまうと、ゴルツィネと印象が被ってしまう、と。

溝口　これですね。

林　はい、ゴルツィネとは差を出したいというのもあったので。あと『BANANA FISH』って登場人物が多くて、分かりやすいところで言うとゴルツィネの部下のグレゴリーとか原作と全然変えているのは、ちょっとミスリードが大きそうなビジュアルだったのもあり、初見の人がそこは間違わないように、という理由であえて変えてたりもしています。

溝口　ゴルツィネ、ここですね？　原作以上に何かこうアメリカンな、アメリカ人っぽい雰囲気かなと思いますけども。

林　それは、多分色がついているのもあるかなと思います。で、これもさっきの『同級生』と同じような色の話になりますが、アッシュが一番綺麗なプラチナブロンドというところをまず決めて。で白人のキャラも多いので当然金髪の人も何人か出てきます。オーサーとか金髪だけどアッシュよりくすんでいるとか、金髪系の他のキャラも髪色を絶対アッシュよりは綺麗にしないようにしてたりとか、それはモブとかも全部そうなんですけど。中国勢は同じ黒髪でも、紫をベースにしていたりとか、日本人である英二と伊部さんとかは茶色をベースにしていたりとか。本当に並べてわかるかどうかの差ですけども、その辺は色づくりのときに細かくルールを作って決めて行きました。

溝口　そういったことを決めるのはテレビ放映アニメの場合でもプリプロダクション段階ですか？

林　そうですね。設定はまず私が線画を起こして、次段階で色決めがあるんですけど、その色決めのときに色彩設計さんと監督と三人で、何パターンも作っていただいた色見本を見ながら決めていくって感じになります。

溝口　『BANANA FISH』に関しては、プリプロ*15の期間というのはどのくらいで制作はどのくらいだったのでしょうか。

林　プリプロはやっぱり一年はかかってますね。

溝口　一年！　実際の制作期間というのは？

林　制作期間はオンエア開始の約一年前から入っていたので、だいたい一年半ですね。でもほとんどの時間を前半で使ってしまったので、後半は時間との勝負でした……。

溝口　この李月龍《リー・ユエルン》というキャラクターはこの時

*15　「プリプロダクション Pre-Production」の略。アニメーション作品の制作に向けての準備段階の工程を指す。企画・シナリオライティング・キャラクターデザイン・設定資料・絵コンテなど、作画工程に入るまでの作業。

代の少女マンガならではの美少年、という感じがすごくするなと思います。

林　そうかもしれないですね。男の子ですけど一番線が細くて髪も長いですし、顔つきもすごく整っているんですけども、それでもキャラクターを作るときに女性には見えないように、あくまでも男の子というところは意識して描いていました。さらにオーサーがですね、原作頭初からいるんですが、吉田先生が当初あまりそこまで大きい役割は与えるつもりはなかったのか、ものすごく初期はモブ顔で（笑）。他のキャラとあまり差がないんですよね。なのでワンクール目の締めとしてアッシュと対決する大事な役割があったので、それはどうしよう……というところで、アニメは始めから役割のある顔のキャラになってます（笑）。

溝口　そうか最初はモブ顔だったというのはすっかり忘れていました（笑）。

林　あと連載当初はすごく大友〔大友克洋〕色が強いので……。

溝口　ああ。

林　これだけ絵柄が変わっているとどこを主軸にするというのを決めておくのは大事で、原作は約九年くらい連載をされているんですけども、アニメは半年なので半年の時間の中で物語が進みますし、今回は文庫でいうと六巻。単行本でいうと九、一〇、一一巻ぐらいですかね。そのあたりをメインの絵柄にしています。

キャラクターデザインと演出

溝口　なるほど。さて、キャラクターデザインに関しては小池さんにもお話いただきたいなと思います。

小池　はい、すいませんありがとうございます。えっと私、アニメ『BANANA FISH』のキャラクターデザインが林さんだと聞いて、おっ、と思ったわけですけども、実際できたものをパッと見るとですね、ここにいらっしゃる原作の『BANANA FISH』をご覧になっている方の大半の方が思われたと思うのですが、英二の目がでかいじゃないか！というふうに思ったと思うんですよね。ところが、実際にそう思って原作を観直してみると、これは作者の吉田秋生さんが描いたものので、白黒だとよく分からないんですがカラーでみると確かに英二の目は大きいですよね、実は。あ、やっぱりそこちゃんと差異化してるんだと、白黒だから分かりにくいんだけど、実際英二って目が大きくてくりっとしたキャラクターというふうになってるんだなということが改めてわかってですね、なるほどやっぱりそんな素人がですね、目がでかいじゃんとかそういう話をしてはいけないと思いました。

　そこで、私が連想したのは、あの林さんのお仕事というところで、『PEACE MAKER 鐵《くろがね》』*16ですね、新撰組に少年が入隊志願するという話で、キャラクターデザインを林明美さんが担当されていらっしゃるんですけど、この手前の少年が主人公ですね。主人公はこういうくりっとした目で少年として描かれるわけです。*17 この『PEACE MAKER 鐵』は新撰組の話なので、大人たち、総長、副長とかは厳しい顔で描かれるわけです。ですが、面白いのはこの左側の人ですね。沖田総司です。沖田というのは剣で人を斬り刻む残虐性と少年性の両方を併せ持った人間として描かれていて、最初はこういう少年的な目として描かれています。第一話で主人公が入門するために新選組の道場に行くという話になって沖田と戦うわけですよ。そのときに沖田が最初こんな感じで、主人公の剣をニヤニヤかわしていくんですが、途中で本気になるんですね。少年だった沖田の目が、目全体は大きいですけど瞳孔がパッと小さくなって、これは実際にはあり得ないような瞳なんですけど、アニメではキャラクターとして成立しています。ここで私は、ああ、アッシュと絡む感じで、アッシュの造形、キャラクターとして作るときにこういう作り方されてるんだなというふうに連想しました。突然ちょっと古い作品を持ち出されてびっくりされていらっしゃるかもしれませんが、実際に描かれている方としてはどういうふうに思ってらっしゃったんですか？

林　そうですね、シーンやカットで緊張感を出し

＊16　黒乃奈々絵によるマンガ作品『新撰組異聞 PEACE MAKER』シリーズ（マックガーデン、一九九九年～続刊中）を原作としたテレビアニメ（テレビ朝日系列で放送。二〇〇三～二〇〇四年）。監督：平田智浩、キャラクターデザイン：林明美、制作：GONZO DIGIMATION。

＊17　『林明美アニメーションワークス thesaurus』より PEACE MAKER 鐵』キービジュアル、一五頁。

たりとか、厳しい表情のときには瞳孔を小さくするというのは記号として割とどの作品でもやっていることではあります。『BANANA FISH』はそもそも目が小さいので、逆の描き方をすることの方が多かったかもしれないです。センシティヴな芝居や表情のときは設定より黒目を大きく作画していましたね。

小池　その辺りはやっぱり原作に即してという部分はあるんでしょうけれども、アニメとして魅せるための工夫ですか？

林　そうなりますね。沖田さんは普通はすごくクリクリとした大きい目なんですけども、こういうちょっと鬼気迫る表情のときは表現として小さくするというのはマンガやアニメ独特の描写の仕方ですね。アッシュが一八話のブランカに英二を殺さないでくれって頼むシーンがあるんですけども、そこは心から懇願するアップのカットは、設定より逆に瞳を大きくしたりとかして心情がより伝わるようにという微調整というか、カット単位で変えたりとかはしてますね。

小池　そこはやっぱり描くというより演出の問題と考えるべきでしょうか？

林　そうですね、私も作品によっては演出もするのですが、作画するときでもアニメーターというのは役者であったり演出家であったりしなければいけないので、コンテの内容を汲み取ってそのシーンに一番必要な表現をする。お客さんにどうしたら一番伝わるのか？といつも試行錯誤です……。

小池　ありがとうございます。すごく、昨日の話とリンクするところがあると思います。

林　あ！でも、英二の目は実際原作よりも大きいです、ちょっとだけ（笑）。

小池　そうなんですね（笑）。

林　そうです。今回は。

溝口　英二、もう一回見てみましょうか。

林　でも設定というのはあくまで設計図なので、一番ニュートラルな表情が多いんです。彼はお話が進んでいくごとにどんどん逞しくなっていくので、ここにない表情だったり、より原作に沿った表情が増えていきます。あくまで設定は指針であって、本編が進んでいけばまた別の表情を見せたりします。本編観ていただくとそんなに違和感はないかなとは思っていますが。監督は英二の初期稿が上がったときにはすごいお気に入りでもうかわいい〜！　って連呼してました（笑）。物語がどんどん進むにつれて最終的にアッシュの女になっていましたね、それは私もなんですけど（笑）。

（笑い声）

林　でもすごいわかるんですよね。演出しているとどうしてもキャラクターの気持ちに寄り添っていくので、後半に行けば行くほど、辛いシーンしかなくて……二人ともすごいしんどい（泣）って言いながらずっと作業してました……。

溝口　……吉田秋生先生はアッシュのモデルの一人として故リヴァー・フェニックスの若いときを挙げていらっしゃいましたが、アニメーションのキャラクターの表情とかそういう芝居の部分って実写の俳優の動きとかを参考にされたりするんですか？　それともそれとは全然別にアニメーションの芝居、なのでしょうか？

林　『BANANA FISH』は『同級生』よりリアルな世界観なので、芝居を作るときもリアルな芝居が多いんです。映画とかの動きを参考にすることももちろんあるんですけれど、一番近道なのは身近な人にやってもらうことなんですね。

溝口　ああ、なるほど。

林　で、それを動画に撮ったり、写真に撮ったりして確認しながら描くのが、作業する時間があまりとれない時はてっとり早いです。頭の中でだけで描いていると説得力の部分で納得がいかなくなったり……。三話でラスト、オーサーに英二が捕まって顎クイシーンがあるんですけども、顎に手がどういうふうにかかるのかなあ、となった時によくわからなくって……。男性スタッフお二人にその場で再現していただきました。もうセクハラ一歩手前（笑）。

溝口　セクハラ（笑）。

林　それを写真に撮って、見ながら描くという。コンテの段階でオーサーの方が体格がいいので英二との体格差を出して欲しいという指示もありましたし、体格差が出るようなレイアウトとして描いています。

アニメーターと作品の関係について

溝口　ここで林さんのお仕事の初期のものとして一九九九年の『少女革命ウテナ　アドゥレセンス黙示録』[*18]で幾原邦彦監督の作品に作画で参加されたというものを……このダンスのところを担当、作画担当されたということで、私自身もこれとっても好きな作品で何度も観ているものだったので、今日は音無しでここだけ一緒に拝見しようかなと。

林　ここは音あってもいいかもしれないですね。

溝口　あ、音あってもいいですか？

林　やっぱ音楽ありきのシーンなので。

（『時に愛は』流れる〔『少女革命ウテナ　アドゥレセンス黙示録』DVD：三七分二二秒〜三九分一六秒〕）

小池　先ほどのシーンですけども、絵はダビング〔アニメーション制作における音付けの工程〕前に描かれたんですか？

林　音がつく前ということでしたら、大半のアニメはそうなんですが、でもこの曲だけはもう先に決まっていたので、完成する前の仮映像でも音はついていましたね。それを確認しながら作画はしてました。この劇場版はハイブリッドなんですよ、セルとデジタルの。この時期は過渡期で、このシーン、バラはCGなんですが、水やキャラクターはセルで手描きだったり、という作り方をしてますね。

溝口　興味深いです。さて、ちょうど情報解禁になったばかりということだそうなんですけれども、林明美さんの個人画集が七月末に出版されるということで[*19]今日お越しの皆様にもお知らせをいたします。作画を担当された作品を網羅してという形になるんですか？

林　一応作画仕事がメイン掲載なんですけど、演出仕事も入っています。入れる予定です。コンテとか、ラフ画とか入りますね。修正とか原画とか

＊18　注4参照。

＊19　二〇一九年に刊行された。＊6参照。

も入れる予定です。あとキャラクターデザインした設定とかも。

溝口　楽しみですね。

林　目下編集中です（笑）。

溝口　実は林さんの個人画集のデザイナー、装丁家が内川たくやさんとおっしゃって、私の『BL進化論』をデザインしてくださった方でして。さらに、中村明日美子先生の画集のデザイナーでもある方です。だから何、ということはないのですが、せっかく共通ということで、お名前を出してみました。

小池　アニメーターの方って何というのか、自分の絵というのをなかなか描けないという印象あるんですけども、画集として出されるのはどういうふうに思われます？

林　そうですね、基本的に原作ものがあったりとか、人の絵をアニメ用に描いたりとかが多いんですけども、絵描きなので無意識に自分の絵がにじみ出るところがあるみたいです。デザインや作監修正を見た方からは「やっぱり林さんの絵ですね」って言われたりすることはよくあるので、そこは個性として受け取って良いのかな?と。今回一部、ラフな落書きっぽいものも入ったりとかするので、その辺りは自分の絵ですね。

溝口　マンガ家さんだとご自分の絵しかないじゃないですか。他の人の絵を真似することはできるかもしれないですが。アニメーターさんの場合は、原作の絵柄に寄せるお仕事が多いとはいえ、ご自身の絵柄だけで作品を作るということもなさるのでしょうか。

林　そうですね、この中にも入っている『アニ＊クリ15』というNHKのショートムービーの『ナミダの向こう・・』というのとアニメーター見本市の『そこからの明日。』というショートムービーも私のオリジナルなんですが、『ナミダの向こう・・』は作画まで自分で担当しているんですけど、見本市は演出だけなのでまたちょっと違ったりはします。自分のオリジナルという意味ではその二本でしょうか。[*20]

溝口　やはり自分のオリジナルの絵でやる作品と

＊20　『アニ＊クリ15』は日本のアニメーション・クリエイター一五組が一分間の短編アニメーション競作し、NHK総合テレビ・教育テレビ・衛星第一テレビ・衛星第二テレビ・ハイビジョンで不定期に放送するという、二〇〇七〜二〇〇九年に行われた企画である。林明美『ナミダの向こう・・』は二〇〇七年の第一シーズンに放送された。この企画は、商業アニメーションを主活動にしているクリエイターが一分間という短編を制作したところに特徴がある（参考文献『アニ・クリ15DVD×マテリアル』、インタビュアー・執筆：藤津亮太・宮昌太朗、一迅社、二〇〇九年）。
「日本アニメ（ーター）見本市」は、二〇一四〜二〇一八年にドワンゴとカラーの共同企画として立ち上げられた動画配信サイト企画であり（現在はサイト終了）、さまざまなアニメ制作者によるオリジナル短編作品をインターネ

原作があってデザインしていく作品とではどっちが楽しいとかあるんですかね？　すごく頭の悪い質問ですが（笑）。

林　違う大変さや苦労はあります。原作ものは、まず原作の世界観があってファンの方がいらっしゃって、というところからなのでその人たちにある程度向けて作るというのはあるんですけど、オリジナルはやっぱりゼロなので、自分がまず何をその作品で表現したいのかとか、何を伝えたいのかとかそこから発想することの方が多いかもしれません。

溝口　ぜひオリジナルの作品も拝見しなくちゃ、と今決意を固めているところです（笑）。

林　ありがとうございます（笑）。

溝口　『少女革命ウテナ』、とくに劇場版、先ほどダンスのシーンを見せた劇場版って当時としてすごくこう、マンガ版とテレビ放映版以上にジェンダー的な部分での実験がすごくて斬新に思ったんですけども、やっぱり当時作ってらしてもそうでしたか？　というのは王子様を求めるんじゃなくてウテナとアンシーという女の子二人が車になって世界の果てに行くという、そしてまた二人がそこでは裸で、もちろん全然エロい感じのしない裸なんですけれども、レズビアン的にも読めるように開かれているシーンというところと、女の子が主体になって世界になるというところが、とっても斬新に感じたんですが。

林　幾原〔邦彦〕さんは『セーラームーンR』の頃からそういう女性、特に女の子同士のテイストのものを作られているイメージがあり、そんなにそれに対して意外！というのはないんですけど、でも『セーラームーン』は王子様、タキシード仮面とか王子様もいる世界ですよね。だからあえて『ウテナ』は王子様を必要としない、自立した女の子を描きたかったのかな？と思ったりしました。でも本当のところ、何を考えているのか幾原さんの頭の中はわかりません（笑）。

溝口　わかりました（笑）。

林　作っていましたけど、何で最後、車になるのかさっぱりわからない（笑）。

ット配信するという企画である。一部の作品はＮＨＫＢＳプレミアムにて放送された。林明美は二〇一五年に『そこからの明日。』を公開している。

（笑い声）

林　長谷川さん[*21]もわかんないっておっしゃってたのを記憶してます、多分誰もわかんないんですよ（笑）。単に描写として車というものを使っただけであって、別の比喩的な意味があるんだとは思うんですけど。

溝口　それはあれですね、幾原さんご本人もわかってないかもしれないという可能性がありますよね。

林　うーん、どうなんですかね。本音をあまり聞いたことがないので（笑）。

溝口　そうなんですね。

林　今オンエア中の『さらざんまい』とかもそうだと思うんですけど、ハッタリ的なところがすごいお上手だから、まず視聴者の意表をついて、というところから入るスタイル。その後物語が進むにつれて核心がだんだんとわかってくるという構成がいつも多い気がしますけどね。『輪《まわ》るピンクドラム』もそうでしたけど[*22]。

溝口　『同級生』に戻りますと、本当に私、何となく最初薄らぼんやりと原作そのものの、原作通りなイメージのアニメだと思っていたんですけれども、全然原作そのまんまではない、幾多の、幾千の、幾万の工夫がこらされていることによって結果的に原作ファンにとって原作の世界であって、アニメになったんだなってことがわかって、このセッションは、なんていうんでしょう、とても勉強になりました。また、林さんたちアニメのクリエーターさんたちの情熱と愛を感じることができて、嬉しかったです。

林　ありがとうございます。

溝口　次はこの画集（『林明美アニメーションワークス thesaurus』）を皆さん買いましょうということと、あと次の作品としてアナウンスされるものはありますか？

林　特に今大きい、メインで関わるものはまだ決めてないですけども、お話はいくつか頂いているので、あとは『BANANA FISH』もまだ綺麗に終わってなかったりするところもあるので、それが終わってから次に行こうかなと思います。

＊21　長谷川眞也、『少女革命ウテナ』キャラクターデザイン、同劇場版作画監督。

＊22　『さらざんまい』（フジテレビ系列、二〇一九年放送）、『輪るピンクドラム』（フジテレビ系列、二〇一一年放送）、いずれも幾原邦彦監督によるTVアニメ作品。

溝口　はい。ありがとうございます。では小池さん、お願いいたします。

小池　ありがとうございます。時間厳守ということで申し訳ありません。

本日、『同級生』『BANANA FISH』、それから『少女革命ウテナ』というふうに作品を挙げて頂いて、『BANANA FISH』はもちろん三〇年前のマンガがもう一回活かされたというものなんですけども、今それを私たちがこういうふうに観ているというときに、それが『ウテナ』でも『同級生』でも本当に自然に惹かれ合う二人の様態というのをアニメーションとして捉えることができるということがすごいことだなと、それに関してその作画の方というのがどういうふうに考えてらっしゃるのかということ、特にマンガからの置き換えということに関して、ああなるほど、こういうふうに考えてらっしゃるんだなということを間近にうかがうことができて非常に興味深かったです。

皆さん例えばその、もちろん画集もそうなんですけれども、特にマンガとアニメの『同級生』をぜひともご覧頂いて、さらには他の作品も観て頂いて、林明美さんというアニメーターがこういう仕事をされているということ、それからそういうものを取り巻く広い意味の「女性向け」という文化があるということ、もちろん溝口さんの『BL進化論』も読んでいただいて、こういうふうにアニメーションの世界を捉える見え方があるんだということをわかっていただければというふうに私は思っております。本日はどうもありがとうございました。

林　こちらこそ、ありがとうございました。

（拍手）

＊本稿の内容確認にあたり、溝口彰子は大町江梨子氏の助力を得ました。ここに記すとともに感謝します。

通信用カード

■このはがきを，小社への通信または小社刊行書の御注文に御利用下さい。このはがきを御利用になれば，より早く，より確実に御入手できると存じます。
■お名前は早速，読者名簿に登録，折にふれて新刊のお知らせ・配本の御案内などをさしあげたいと存じます。

お読み下さった本の書名

通 信 欄

新規購入申込書　お買いつけの小売書店名を必ず御記入下さい。

（書名）	（定価）¥	（部数）　部
（書名）	（定価）¥	（部数）　部

ご氏名《ふりがな》　　ご職業　（　歳）

〒　Tel.
ご住所

e-mail アドレス

ご指定書店名	取次	この欄は書店又は当社で記入します。
書店の住所		

郵 便 は が き

恐縮ですが、
切手をお貼り
下さい。

101-0051

（受取人）

東京都千代田区神田神保町三―九
幸保ビル

新曜社営業部 行

通信欄

付記　アニメーター・林明美の仕事について

小池隆太

今回大会の2日目第2セッションでは、「キャラクターを動かす――現代アニメにおける「作画」」と題して、法政大学の溝口彰子さんとアニメーターの林明美さんとの対談が行われた。対談ではOVA作品『同級生』（二〇一六年）を話題の中心に、中村明日美子《あすみこ》さんの原作マンガからアニメへの移行にともなってどのような制作・作画、あえてこの言葉を用いるとすれば、「演出」が行われたかが詳らかにされた。この対談の詳細については前稿を参照いただくとして、本稿では対談ではあまりふれられなかった作品を紹介し、アニメーター・林明美（以下敬称略）の仕事について、「作画」と「演出」の両軸との関係から考えたい。

対談の後半では、劇場版アニメ作品『少女革命ウテナ　アドゥレセンス黙示録』（一九九九年）の「時に愛は」のシーンを鑑賞した。メインキャラクター二人が手を取りダンスをする場面であり、作品前半部のクライマックスといっていいシーンである。林はこの作品では作画監督・原画を担当しているが、対談においてはこのシーンは先に曲が決まっており、仮で音が付いている状態での作画だったと述べている。このシーンで印象的なのは、音楽もさることながら何十何百何千もの赤い薔薇の花がスクリーンの上から下へと降り注ぐところである（薔薇は全部CGだということであった）。劇場版美術監督の小林七郎は、表現において省略を強めることの重要性について語ったのち、劇場版では赤が強調されていたという質問者に対して、「テレビシリーズの頃から、薔薇の赤のイメージがあったと思うんです。テレビシリーズのときはそんなに使えなかったのですが、劇場では思い切って赤を前面に出してみました」と答えている。*1『少女革命ウテナ』シリーズにおいて、薔薇は作品の美術の鍵となる位置を占めている花である。一方で、美術ではなくアニメーションにおける「演出」という側面からこのシーンを観察すると、別の要素が見えてくる。画面上の「上から下への落下」の運動である。

　この「時に愛は」のシーンの作画を担当したのが林明美であるということから即座に連想されるのは、『少女革命ウテナ』と同じ幾原邦彦監督作品であるTVアニメ作品『輪《まわ》るピングドラム』（二〇一一年）の第二〇話「選んでくれてありがとう」である。林はこの第二〇話の絵コンテ・演出・作画監督を担当している。Aパート冒頭、降りしきる雨の中で対峙するキャラクターたちからはじまるこのエピソードは、主人公たちの幼い日の記憶へとさかのぼる。その回想シーンでは、降りしきる雪の中、少女を探す少年がやがて「こどもブロイラー」へとたどりつき、少女を救い出す。その「こどもブロイラー」では先に粉砕されたこどもたちの破片がキラキラと降り注いでいる。雨、雪、キラキラした破片、三つの「落下」の表象が、アニメーションとしてのこのエピソードを貫いている。

　この「雨」から「キラキラした破片」への移行をアニメーションにおける演出として考える上で重要な補助線となるのは、林明美が制作した短編アニメーション『ナミダの向こう・・』（二〇〇七年）である。この短編アニメーションは、（対談のところでもふれられているが）一五組の日本の商業アニメクリエイターがそれぞれ一分間の短編を競作し、それがＮＨＫで不定期に放送されると

＊1　『少女革命ウテナ』ＢＤ-ＢＯＸ下巻（二〇一三年）付属リーフレット「BROUCHURE#2」二一頁。

いう趣向のものである。林は、この短編で「女性向き」の作品をつくる、そして「アニメーターという職業は、基本的に他人の絵柄に合わせて絵を描く作業なので、今回は自分の絵でやろうと。キャラクターも自由に描いて、色もコントロールする。世界観というか自分の思うような美術で、自分の一番見てみたいもの、やりたいものをつくってみたい」と述べている。[*2]

『ナミダの向こう・・』は、やはり雨のシーンからはじまる。雨粒の垂れる自室の窓ガラス越しにぼんやりと外を眺め、涙を流す女性。傘を差したまま街角に立ち尽くしている女性。やがて雨が止み、風に流れ散った涙はキラキラとかがやきながら陽光のなかに消える。植え込みに残る水の滴が晴れた空からの日差しに光るのを背景に、歩き出した女性の振り返った笑顔で短編は閉じられる。「雨」から「光」への移行によって、キャラクターの女性たちの感情の動き、絶望と孤独から自己肯定への立ち戻りをアニメーションの演出として成立させているのである。

林はインタビューの中で、「人間って、自分にとってマイナスかもしれない現実を肯定するのは、難しいかなと思ったんです。疑問を持ち始めたときに、それと向き合うということは、たとえ必要なことだとしても、なかなか難しいと思うんですよ。それを後押ししたいと思ったので、それをテーマとしてやってみようと」と述べる。[*3] この言葉は、『輪るピングドラム』第二〇話の「こどもブロイラー」のエピソードの内容にも適合する。このエピソードにおいては、「社会から見捨てられた子ども」「いらない子ども」「選ばれなかった子ども」「誰からも愛されず必要とされなくなった子ども」が施設に引き取られ、「何者にもなれない」「透明な存在」になる。主人公の少年・晶《しょ》馬《うま》は、団地で出会った少女・陽毬《ひまり》が心を閉ざし、「こどもブロイラー」で砕かれるのを待つところを救い出す。「わたしが世界にいたことを　覚えてくれてる人がいる」と言う陽毬を晶馬が抱きしめる。二人の頭上からは「こどもブロイラー」のきらめく破片が雨のように降り注いでいる。一見

＊2　『アニ・クリ15DVD×マテリアル』、インタビュアー・執筆：藤津亮太・宮昌太朗、一迅社、二〇〇九年、五二頁。

＊3　『アニ・クリ15DVD×マテリアル』五二―五三頁。

恐ろしいシーンであるが、この二人は互いを肯定することで救われる。破片の輝きは、あたかも二人を祝福する希望の光のようであり、かつ二人を傷付けもする。この場面はセリフを含めて最終話（第二四話）を先取りするものとなっている。この第二〇話のみオープニングの陽毬の周囲を「こどもブロイラー」の破片が取り巻いているのも見逃せない。ちなみに『少女革命　ウテナアドゥレセンス黙示録』の「時に愛は」のシーンにおいても、落下する薔薇がやがて輝く星海へと変貌している。

別の例を挙げよう。林はTVアニメ作品『坂道のアポロン』（二〇一二年）のエンディング・アニメーションのコンテ・演出・作画監督を務めている。ここでは校舎内の風景をバックに降っていた雪が、やがて通学路の坂道を背景とした桜の花びらに変わる。そこにもう一度雪が降り積もったのち、メインキャラクターが太陽に向かって両手を開くと、降り積もった雪が光の粒となって上昇する。メインキャラクターたちは登っていた坂道を向きを変えて一気に駈け下る。さらに二〇一四年のTVアニメ作品『一週間フレンズ。』のエンディング・アニメーション（絵コンテ・演出：林明美）においても、教室や廊下でたたずむメインキャラクターの二人をほのかな花の形状をしたもの（あるいは雪の結晶）が、二人を見守るように降り注ぐ。

これらの作品の例は、単に林明美という一人のアニメーターの作画の個性としてのみ語られ得るものではなく、むしろアニメーション制作という工程において「作画」というものがもつ「演出」的特性を示しているように思われる。言い換えると、アニメーターにとっての作画には、同時に「演出」としての側面があるということである。それは対談でも語られたように、『BANANA FISH』（二〇一八年）における奥村英二の眼の大きさや、『PEACE MAKER 鐵《くろがね》』（二〇〇三年）における市村鉄之助と大人たちの眼の描き分けや、さらには沖田総司の瞳の変容といったキャラクターデザインの細部に及ぶものでもあれば、上述したような「雨」「雪」「破片」「光」といった、風景に加えられた要素と運動によっても与えられるものだということである。

『同級生』において、中村明日美子というマンガ家の表現を「作画」と「演出」の両側面からアニメーションという表現に落とし込むことに成功した林明美の今後の仕事に大いに注目したい。

第Ⅲ部

アニメーションはアニミズムか？

イリュージョンとアニメーション——現代のロボティクスとの交錯をめぐって

増田展大

はじめに

二〇一四年のヒット曲「Uptown Funk」の一節が流れ始めると、やや遅れて暗転した画面に黒と黄色からなる不気味な機械が姿を表す。犬のようにも見えるそれは、冒頭こそ痙攣のようにギクシャクと身体を揺らすのだが、すぐさま独立して精巧に動く四本の足で流暢なステップを踏み始める。軽快なリズムにあわせて飛び跳ねるように向きを変えつつ、実際の四足動物には不可能であろうムーンウォークのようなダンスをみせる様子は、背景に流れる楽曲を歌うブルーノ・マーズのそれを模したものであるのだろう。曲がサビに近づくにつれて胴体上部に折り畳まれた長い首が伸びていくと、「俺のことを信じずとも、ただ見てみろよ」と叫ぶ歌詞に合わせて、その機械が最後には私たちに向けてお尻を振ることにもなる。

これは近年、驚くべき成果を次々と発表するBoston Dynamic社の四足歩行型ロボット、Spotを紹介した映像である。映像表現としてのアニメーションの範疇からは外れるとしても、その立ち振舞いを前にして思わず「あたかも生きているみたいだ」と感じることも決して不思議ではない。この映像が公開された二〇一八年前後から、この企業が発表した二足歩行型ロボットが障害物を飛び越え、宙返りをするほどの軽快な動きを実現していたことを知る人も少なくないはずである。さらに最近になって公開された映像では、ザ・コントゥールズによる一九六四年の楽曲「Do You Love Me」の冒頭、ダンスが踊れずに失恋するとの歌詞の内容にあわせて、人型ロボットのAtlasがガックリと肩を落としてみせる。だが、これも陽気なサビが始まると一転、四肢を伸ばしてバランスをとりつつツイストのような軽快なステップを踏み始める。またもや「僕を見てくれ」とのかけ声にあわせて、先のSpotなどのロボットたちと息のあったコラボレーションが繰り広げられるのである。

犬のような容姿をしたロボットが首を伸ばして口を開き、二足歩行を可能にしたそれが倒れてもめげずに立ち上がるなど、これらの機械は異形のものであり、その動きも不気味であるにちがいない。初の商業展開を実現したSpotが人間の立入りが困難な場所での活躍が想定されていること、かつては合衆国の国防高等研究計画局（DARPA）の支援を受けた同社が軍産複合体としての側面を持つこともまた事実である。それでいてこの映像が興味深いものとなるのは、人間が登場しないまま進む無機質な演出がそうした不穏さをある程度まで残してはいながら、陽気な楽曲や歌詞の内容にあわせて機械の滑らかな動きを生き物らしくみせるという、絶妙なバランスによるものであるのだろう。

元来、小説やマンガ、アニメーションなどの作品で虚構的な存在として頻繁に描き出されてきたロボットは、その名を冠した最近の研究領域であるロボティクスの進展とともに、こうして現実世界のうちで物理的な実体として動き始めている。「アニメーションはアニミズムか？」というⅢ部の問いにひきつけるなら、これらの物体を生きていると形容することは、生命のない対象に生気を認める前近代的なアニミズムへの後退でしかないのだろう。それでも精巧なロボットたちの動作をアニメーションと頻繁に関連づけられる錯覚や幻想としての「イリュージョン」とみなすことも困難である。と同時に、アニメーションという言葉を元来の意味で、つまりは生物でないものがまるで生き物のように動き出す様子として理解するとき、ここまでの事例をそこに重ね合わせることも決して的外れではない。つまり、これらロボットの存在は、アニメーションのうちに単にアニミズムやイリュージョンとは片付けることのできない側面があることを示しているのではないだろうか。

このような観点から以下ではまず、近年のイメージ論を代表する三人の論者が提出した議論を整理しつつ、それらが共通して「イリュージョンとしてのアニメーション」に批判的な態度を示していることを明らかにする。続いて後半部分では、ひとたび解体された人間の動きをあらためて動かそうとするための計算可能性という観点から、科学者たちとアニメーターたちの実践が歴史的に交錯することを示し、考察を付け加えることにしたい。

1　イリュージョンとしてのアニメーション

以下にとりあげるのは、ハンス・ベルティンクとトム・ガニング、そしてトーマス・ラマールの三者によるアニメーション論である。それぞれの分析対象は微妙に異なりつつも、各領域を代表する欧米の論者たちが今世紀に入る頃から揃って、「アニメーション」という言葉に収斂するような議論を展開していることをまずは確認しておきたい。この言葉に特化したかたちにはなるが、順に三者の議論を概観してみよう。

生命付与としてのアニメーション

ドイツ語圏の内外で美術史を牽引してきたベルティンクが二〇〇一年発表の著書『イメージ人類

学』で提示したアニメーション理解は、他の論者に比べて、この言葉の意味を独自かつ最大限に拡張したものと言える。人間による生と死にまつわる象徴行為一般を対象とする彼のイメージ人類学は、古代の埋葬品から歴代の美術作品、写真や映画などの技術的な支持体をも、独自に設定されたイメージ－身体－メディアの三角関係のうちで再考するものである。なかでもイメージ概念は、人間にとって内的かつ外的に作用するものとしてなかば抽象的に設定され、物質的な支持体となるメディアや身体と独自の関係を取り結ぶものとされる。ベルティンクが述べるように、「イメージはただ観者によって生気を与えられたときにだけ、イメージとなる。この生気の付与行為《アニメーション》によって表象されたイメージはあらためて支持体メディアから切り離される」[*1]ためである。つまり、メディアや身体とのあいだでイメージがイメージたり得るのは、知覚行為あってのものであり、それを説明するために召喚されるのが、「生気の付与行為」としてのアニメーション概念なのである。

こうしてアニメーションに独自の強調点を置くベルティンクのイメージ論は、同書の書評文のうちで橋本一径も指摘するように、死者の現前をイメージによって呼び起こそうとする古代の魔術的な実践を出発点としていた。[*2]古来、葬祭儀礼などにおいて生命付与と緊密に結びついていたイメージの作用は、しかしながら、ギリシア的なイメージ観以降、ある意味では不当なまでに貶められることになった。魂と身体、精神と作品、現実と仮象といった西洋の伝統的な二項対立のもとに、ミイラや蝋人形などに認められるイメージのアニメーション（生気付与）としての機能は魔術的な行為として断罪されると、代わってルネサンス以降の芸術作品は、ミメーシスやイリュージョンによる外観の模倣を評価することになる。ベルティンクによると、近代以降に登場した写真や映画、合成画像などの技術的メディアも、言わばその「埋め合わせ」として登場したものにほかならない。[*3]デジタル技術による合成画像が非物質化や脱身体化を推し進めるように思われる一方で、実際には

*1 ハンス・ベルティンク『イメージ人類学』仲間裕子訳、平凡社、二〇一四年、四八頁。

*2 橋本一径「いかにして私たちはイメージに生気を吹き込んでいるのか――ハンス・ベルティンク『イメージ人類学』をめぐって」『国立新美術館研究紀要』第二号、二〇一五年、二六四―二七二頁。

*3 ベルティンク、前掲書、一九四頁。

身体を介した知覚行為、すなわち生気の付与行為《アニメーション》によって物質化されることを要請しているというのである。

このような歴史観が「アニメーションからイリュージョンへ」の移行として要約しうるものであるなら、そこでの問いはたしかに、生気付与としてのイメージの機能を現代に「単なるアニミズムや呪術行為とのレッテルを貼られることなく示すには、いかにすればよいのか」という点に求められる。[*4] これをさらに展開して言えば、アニメーション（生気付与）という古代以来の魔術的な実践と、イリュージョン（錯覚）という近代以降の科学的な説明とのあいだには実のところ本質的な違いはなく、それぞれが「生きているイメージ」という理解を抑圧した結果だということになろう。そして実際に、その後者のイリュージョン＝錯覚理解について、近代以降の事例とともに刺激的な問題を提起したのが、トム・ガニングによるアニメーション論である。

イリュージョンとしてのアニメーション

回転する円盤の表と裏の画像を合成するソーマトロープや、円盤の縁に連続して描かれた静止画をスリット越しに眺めて動くイメージへと変換するフェナキスティスコープなど、一九世紀前半に登場した光学玩具は、現在までのアニメーション映像の原理的な装置として知られている（図1）。これも周知のように、一九世紀のブルジョワジーのあいだに広まった光学玩具が元来は「主観的な視覚」、すなわち眼の錯覚＝イリュージョンを検証するための科学装置であったことは、ジョナサン・クレーリーが指摘したとおりであった。[*5] 光学玩具は実際、人間が動くイメージを受容する仕組みとして提唱された仮説である「網膜残像説」を実証する検査機器として考案されたのであり、それによって連続するコマのうち直前の静止画が短い間、網膜上に残存するとみなす仮説を確

図1 フェナキスティスコープの使用風景（クレーリー、前掲書、一六一頁）

＊4 橋本、前掲書、二六六頁。

＊5 ジョナサン・クレーリー『観察者の系譜――視覚空間の変容とモダニティ』遠藤知巳訳、以文社、二〇〇五年。

認することが試みられた。この仮説自体は現在の知覚心理学では退けられているのだが、ガニングは光学玩具の登場以来、アニメーションを静止画へと分解することで理解しようとする態度そのものが、現在まで根強く残っていることを問題視するのである。どういうことか、より具体的に確認しておこう。

一八二〇年代からソーマトロープを広めた医師のジョン・エアートン・パリスは、当時から版を重ねた著書のうちで次のように書き記している。「これから皆さんには、目もその誤謬の源になるということをお見せしましょう」[*6]。ガニングが指摘するに、こうした説明には感覚器官が受け取った結果を信じるべきではないとする、デカルト主義的な態度が浮かび上がる。また、フェナキスティスコープを開発した物理学者のジョゼフ・プラトーが述べるように、「形の上では継続的に異なる複数の対象が、かなり短い間隔で十分に近接しながら次々と目の前に表されるのであれば、それらが網膜上に作り出す印象は不鮮明になることなく混ざり合い、人は単一の対象が次第に形と位置を変えていると信じることになる」[*7]。こうして光学玩具を解説する言葉は、当時から機器のメカニズムを説明するだけでなく、それによって人々は物体が動いていると「信じ」こむということ、つまりは人間の視覚が「騙されること」を強調するものであった。

その根底に流れるのは、身体を介して出来上がった動くイメージよりも、それを構成する静止したイメージこそを「主要な」要素とみなし、後者のことを必要以上に規範化するような態度なのである。このことを批判したガニングは、次のようにも述べる。

> 私が常々感じてきたのは、こうして二つのイメージを単一のものに混ぜ合わせるこの能力を目の不完全さとみなす説明が奇妙なものであり、極端なまでにデカルト主義的だということであ

＊6　以下による引用。Tom Gunning, "The Play between Still and Moving Images: Nineteenth-Century 'Philosophical Toys' and Their Discourse," *Between Stillness and Motion: Film, Photography, Algorithms*, ed. Eivind Røssaak, p. 32（トム・ガニング「静止したイメージと動くイメージのあいだの戯れ——一九世紀の「哲学玩具」とその言説」増田展大訳、『映像が動き出すとき——写真・映画・アニメーションの考古学』長谷正人編、みすず書房、二〇一一年、二一〇頁）。

＊7　同書による引用。Ibid., p. 36（同上、二二〇頁）。

った。それはこの説明が、私たちが知ることと私たちが見ることのあいだに楔を打ち込む――そして、私たちが知ることを私たちが見ることよりもためらいなく高く評価している――という意味においてのことである。[*8]

連続する静止画を動くイメージへと変換することがなぜ、単なる「錯」覚による産物として、つまりはネガティヴなかたちで理解されなくてはならないのか。ガニングが批判するのは、その後網膜残像説が科学的には退けられたにもかかわらず、こうしてメディアと身体との絡み合いに生じるイリュージョンを目の「欠陥」や「不備」へと落とし込むデカルト主義的な態度が、現在も認知心理学や映画研究にまで残存しているという事実なのである。

この点をガニングはベルクソンによる有名なシネマトグラフ批判とも関連づけるのだが、より身近なものとして現在の事例を付け加えることもできる。たとえば、作画枚数の量を根拠として低い評価が与えられかねない「リミテッド・アニメーション」をめぐる問題や、一コマごとに分割した静止画が歪なものとなることを指摘する「作画崩壊」など、これらの問題もまた静止画を基盤としたアニメーション理解の亜種であるにちがいない。「リミテッド」という形容詞が不当に当該のアニメ作品の価値を貶めかねないことが批判されている一方で、その背景に控えるのは、それでも動いているように見えてしまう私たちの感覚を貶めるような態度なのである。こうした偏見に対して、ガニングは錯覚や錯視を動くイメージを作り出す人間の目の能力として、いわば ポジティヴに捉え直すことの可能性を提示するのである――冒頭の映像に引きつけて言えば、それは奇しくも「俺のことを信じずとも、ただ見てみろ」と叫ぶ歌詞とも符合するかのようである。

*8 Ibid. p. 33（同書、二一一頁、強調は原文による）。また、以下の論文も参照のこと。Tom Gunning, "Hand and Eye: Excavating a New technology of the Image in the Victorian Era," *Victorian Studies*, vol. 54 no. 3, Spring 2012, pp. 495–516.

「生命のイリュージョン」再考

アニメーションを静止画の集合としてではなく運動の経験として見る＝理解することの重要性は、実際にアニメ研究からも提出されている。そのためにトーマス・ラマールによる論考が検証するのは、二〇世紀前半のディズニー作品に由来し、「生命のイリュージョン」として体系化された制作原理である。これは概してキャラクターなどの作画枚数を惜しむことなく、スクワッシュ＆ストレッチなどによる可塑的な動きで静止画に重量や量感を与え、それぞれが個性を持って生きているようにみせるという、その後の日本のジブリ作品にも受け継がれる支配的な規範である。ラマールはこうした「生命のイリュージョン」モデルが、運動と静止の対立を生命と非生命のそれに移し替えるという意味において西洋近代の二項対立を基盤としていること、ひいては形相質料モデルに由来するものであるとさえ指摘するのである。

結果として「生命のイリュージョン」モデルは、伝統的な主客の対立を堅固に保持することになりかねない。それは先のガニングが検証した一九世紀の事例とも並んで、動いている「客体」とそれに誤魔化される「主体」との対立を強化することにつながるためである。そのうえでラマールは、次のように主張する。

アニメーションとは、無生物の対象やイメージに対して巧妙に運動を付け加えること、つまりは、受動的な素材に対して活発な形式を課することによって主体を騙すという問題ではない。アニメーションにおける運動は、イリュージョンや再現＝表象の問題ではないのだ。アニメーションは運動を再現しているのでもなければ、ましてやそれを見せかけるのでさえない。それが与えるのは運動の実在的な経験であり、それも現実化した運動を実際に経験することなのである。[*9]

アニメーションを運動そのものから再考するためには、静止した＝死んだ物質に運動や生命を「付加する」とみなす通念的なアニメーション理解を退けなくてはならない。このような観点からドゥルーズやホワイトヘッドなどの思想を引き合いに出すラマールの議論を検証することは本論の射程を超え出るが、少なくともアニメーションの魅力を動きの経験に認めた彼の主張が、先に確認したガニングの議論と接近していることは間違いないだろう。

やや乱暴になることを承知で、ここまでの三者の議論を要約しておこう。ベルティンクとガニングの議論に共通するのは、現在の科学的な見地からは打ち捨てられた「生命付与」や「網膜残像」といった観点を歴史的な観点から捉え直そうとする態度であり、それらがいまだ現在の私たちのイメージをめぐる経験レベルに根付いていることを明らかにする。その一方で、ガニングとラマールの議論は運動そのものを経験することの重視という点において軌を一にしており、それによってアニメーションを静止画によるイリュージョンへと還元する態度が、主体（観客）と客体（映像）という旧来の二項対立を温存してしまうことを暴き出そうとする。こうして三人の論者は、イリュージョンとしてのアニメーションを批判しつつ、そこに近代以降の認識論的な基盤を穿つような可能性を見定めようとしていたと整理することができるだろう。

2　非・イリュージョンとしてのアニメーション

では、アニメーションのことを生命付与としてのアニミズムや動きの付加としてのイリュージョ

*9　Thomas Lamarre, "Coming to Life," *Pervasive Animation*, ed. Suzanne Buchan, Routledge, 2013, p. 127.

ンとは異なるかたちで、いかにして説明することができるのだろうか。以下では二〇世紀初頭の科学的な実践のいくつかを参照することで、従来とは異なるアニメーション理解の一端を探り出すことを試みたい。

軍事教練としてのアニメーション

露光時間の大幅な短縮が実現した一八八〇年代以降のフランスで、生理学者のエティエンヌ・ジュール・マレーの開発した連続写真が、その直後のシネマトグラフの登場の先駆けとなったことは、もはや映画史の定型句のような記述として知られている。しかしながら、映画の大衆的な展開に無関心であったとされるマレー本来の狙いや、その直後の連続写真の実用化についてはあまり知られてはいないのかもしれない。

マレーの連続写真は、現在の生理学というよりも運動科学の計測機器として、当時の軍隊における兵士たちの歩行の効率化を目指すことを狙いのひとつとするものであった。実際にパリ近郊の士官学校の生徒やアスリートたちが被写体に選ばれ、その成果は軍事訓練や体育教育へと応用されようとしていたのである。その背景には、アンソン・ラビンバックの卓越した研究が示すように、一九世紀を通じて近代化による急激な変化を遂げた西洋で、身体の疲労をいかに削減するかという問題が生理学や物理学の中心的な関心となっていたこともある[*10]。

こうして当時から人々の身体と新旧の映像技術が密接に絡み合っていたことは、登場したばかりの映画を報じる英語圏の雑誌『映画世界（*The Moving Picture World*）』でも確認することができる。一九〇七年三月二三日付の同誌のうち、「アニメ化された写真（Animated Photography）」と題された記事では、先の光学玩具と網膜残像説の関係が映画のシャッターにより生じるフリッカー現

*10 Anson Rabinbach, *The Human Motor: Energy, Fatigue, and the Origins of Modernity*, University of California Press, 1990.

象に関連づけつつ解説される。その内容は、ガニングの検証した一九世紀の「科学的な」説明が、たしかに二〇世紀初頭にも根強く残存していたことを示している。さらに注目すべきことに、これと並ぶ記事「動く映像《ムーヴィング・ピクチャーズ》の新奇な利用」が報告するのは、光学玩具以前から存在していたフリップブック（パラパラ漫画）と写真との組み合わせが、当時の軍隊で訓練マニュアルとして利用されていたという事実である。

アメリカ軍は、一人の兵士が武器の手引きを実践したところから複数の画像を撮影した。これらの画像から作成された親指ブックが新兵に供給されたのであり、彼らはそれを注意深く見ることで、一連のアクションを作り上げる微細な動きのすべてを容易にたどることができるようになるのである[*11]

ほかにも医学やスポーツなどへの応用を紹介するこの記事は、近代以降のイリュージョン装置が（後の映画やアニメーションなどの表現媒体とは異なる仕方で）人々の日常的な身振りへと直接、働きかけていたことを明らかにする——その効果がどの程度のものであったにせよ、それらはコマ送りのような振り付けを撮影し、ダンスの模倣を執拗なまでにくりかえす現在の実践にまでつながっている。こうして二〇世紀初頭にイメージを介して人間の動きを改変しようとする試みは、ベルティンクが指摘したイメージ‐身体‐メディアが文字通りに絡み合う様子として理解することも難しくはないだろう。

*11　"Novel Uses for Moving Pictures," *Moving Picture World*, vol. 1 no. 3, 1907, pp. 39–40.

運動のモデリング

ところで上述の雑誌記事と同年に発表された『創造的進化』のうちで、先に触れたベルクソンもまた、映像技術と兵士たちの関係を事例とする記述を残していた。

スクリーンの上に、生き生きとした場面、例えばある連隊の行進を再現したいと思っていると想定してみよう〔…〕兵士たちを表す形を切り抜いて、関節が動くようにして、それらの形それぞれに歩行の運動を刻み込む。この運動は人類に共通だが、個人によって変化しうる。そしてその全体をスクリーンに映すのである。この些細なお遊びには恐ろしく手間がかかるだろうし、その上かなりつまらない結果しか得られないだろう。*12

これは先にも触れたシネマトグラフ批判として知られる有名な指摘に先駆け、ベルクソンが自身の「持続」概念を論証するための反例として提出した事例である。ただし、行進する兵士たちの形を切り抜き、その関節を動くようにして、それぞれに歩行運動を刻み込むといった記述は、単なる想定や仮説というには実に複雑かつ具体的であり生々しいものでさえある。

実際のところ、この内容を具現するかのような試みを当時から進めていたのが、ドイツの科学者であるヴィルヘルム・ブラウンとオットー・フィッシャーであった。ドイツ軍からの資金援助のもとに彼らが進めたプロジェクトは、端的に言えばマレーの連続写真に撮影された結果をあらためて立体化するような試みである。より具体的に言えば、人間の歩行運動を撮影した連続写真から細部にいたる数値データが算出され、そのうえで緻密な計算式やグラフの数々をもとに、その連続的な形態を間欠的に棒人間のような骨格へと抜き出した奇怪なモデルが製作されたのである*13（図2）。

*12 アンリ・ベルクソン『創造的進化』合田正人・松井久訳、ちくま学芸文庫、二〇一〇年［原著一九〇七年］、三八六―三八七頁。

*13 本論では以下の英訳版を参照した。Wilhelm Braune and Otto Fischer, *The Human Gait*, Trans. P. Maquet and R. Furlong, Springer-Verlag, 1987 [=1895–1904].

*14 Scott Curtis, *The Shape of Spectatorship: Art, Science, and Early Cinema in Germany*, Columbia University Press, 2015.

*15 Ibid., pp. 44-62.

この無機質な人体模型では、人間の頭部と四肢が棒状の物体へと還元されているのだが、それでいて頭や腰、肩などを指し示す連続的な点線が滑らかな軌道を描き出してもいる。また、正面から見た全体像は微妙に傾いてみえるなど、それらは全体として、冒頭で確認したロボットのようにいまにも動き出しそうでさえある。

これらの奇妙な人体模型は、いかにして作成されたのか。ブラウンらが進めた研究の詳細は一八九五年から一九〇四年にかけて『人間の歩き方』という大部の研究にまとめられている。それらを検証したスコット・カーティスによると、彼らの試みはまず、マレーの連続写真機を改良することから開始された。[*14] それまでの撮影機は歩行運動を水平軸と垂直軸に即して解析することを可能にしたが、運動する被写体を単一のカメラで真横から捉えるだけでは、その「横揺れ」を記録することが困難であった。そのためにブラウンらは角度を変えた二台の連続写真機を設置すると、X軸（水平）とY軸（垂直）に加えてZ軸（奥行き）の動きをも測定可能にした。と同時に、歩行する身体そのものを撮影可能なものへと変換するために、被写体の四肢にガイスラー管と呼ばれる真空管が取り付けられ、その一方で撮影機の側には、漆で覆われた周辺部分に一センチ四方の方眼を備えたガラス製のフレームが用意された。最後に、これらのガイスラー管の発光と二台のカメラのシャッターを時間軸上で正確に同期させることにより、歩行のための動きを方眼状の網の目に捕捉するように撮影することが可能となった（図3）。

こうした煩雑なまでの手続きは、先のカーティスも指摘するように、被写体の動きを撮影した結果を数学的に計算可能なデータへと変換する「フォトグラメトリ」の試みであるにちがいない。[*15] と同時に、その結果を先の立体的な人体模型へと「モデリング」するため

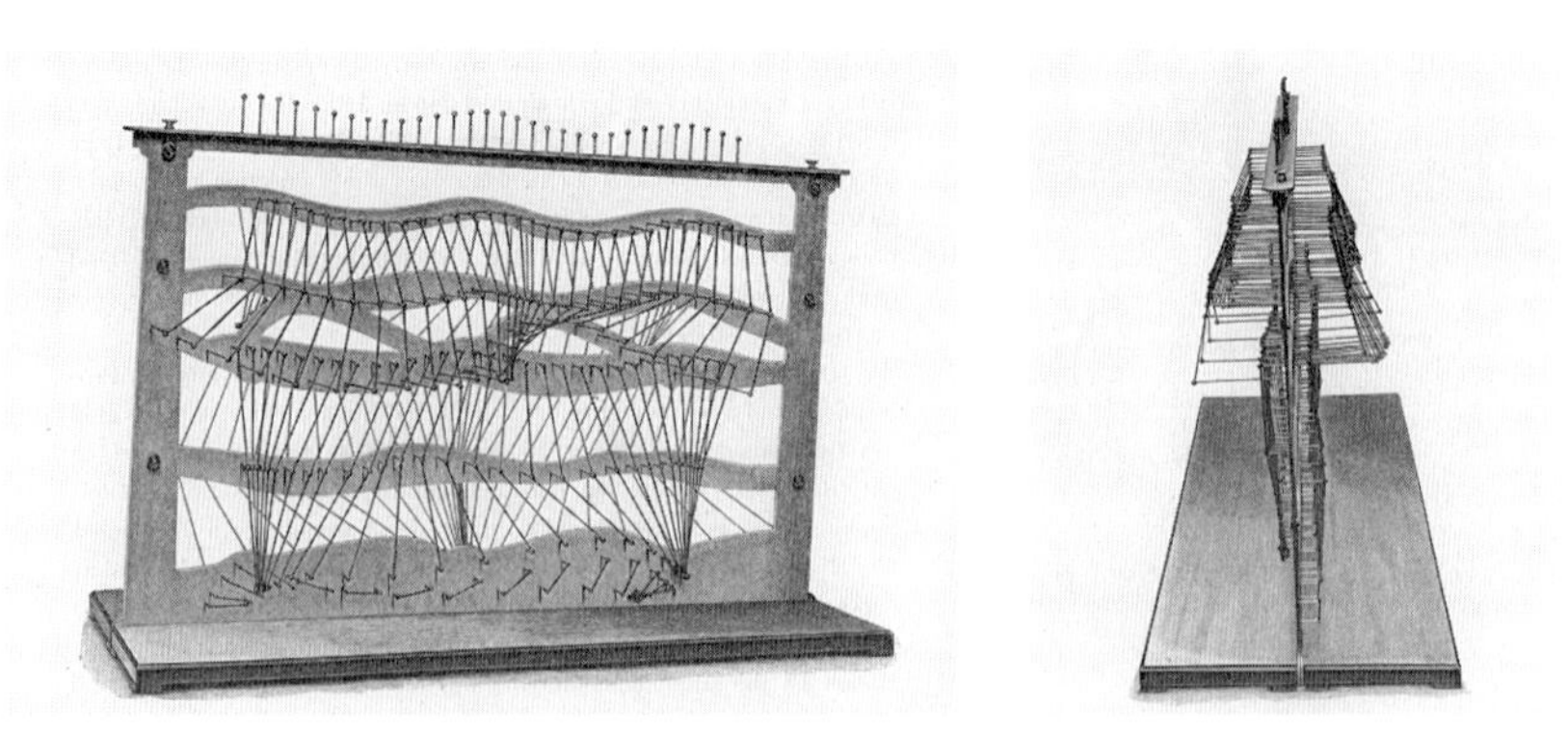

図2　歩行中の人間の身体姿勢を再現した三次元モデル（Curtis 2015, p. 62, 61）

には、大量のデータが溢れかえることのないよう、被写体の全身像から九カ所の任意の測定点が選び出され、それぞれの測定値の偏差を統計学的に処理する必要が生じた。ブラウンらはまた、その精緻さを追求するためにフォトグラメトリの基本原理である三角測量の計算式を応用し、写真という二次元平面上で離接した地点の距離を測定する特別な顕微鏡を開発するほどになる（図4）。先の奇怪な立体模型のモデリングを実現するためにはかくも執拗な作業をくりかえし、歩行という運動の一般的な法則を導き出すことが目指されたのである。

運動の計算可能性

こうしたブラウンらの試みが現在のアニメーションにとって何を意味しているのであろうか。また、有機的な身体運動をロボットのような無機物へと引き写そうとする彼らの執拗なまでの試みを突き動かしたのは、何であったのだろうか。そこには当時のドイツ軍部への忠誠心や愛国心も少なからず作用しているであろうが、なによりも人間の動きを厳密に数値化できるはずだと信じてやまない、科学者たちの頑ななまでの信頼があったと考えることができよう。これを運動の「計算可能性」と呼ぶならば、そうした態度は現在までの科学的潮流——たとえば、生物の動きの力学的な解明を目指すバイオメカニクスや、イリュージョンをめぐる認知科学の計算主義的なプロセス——と認識論的な基盤を共有するものでもある。

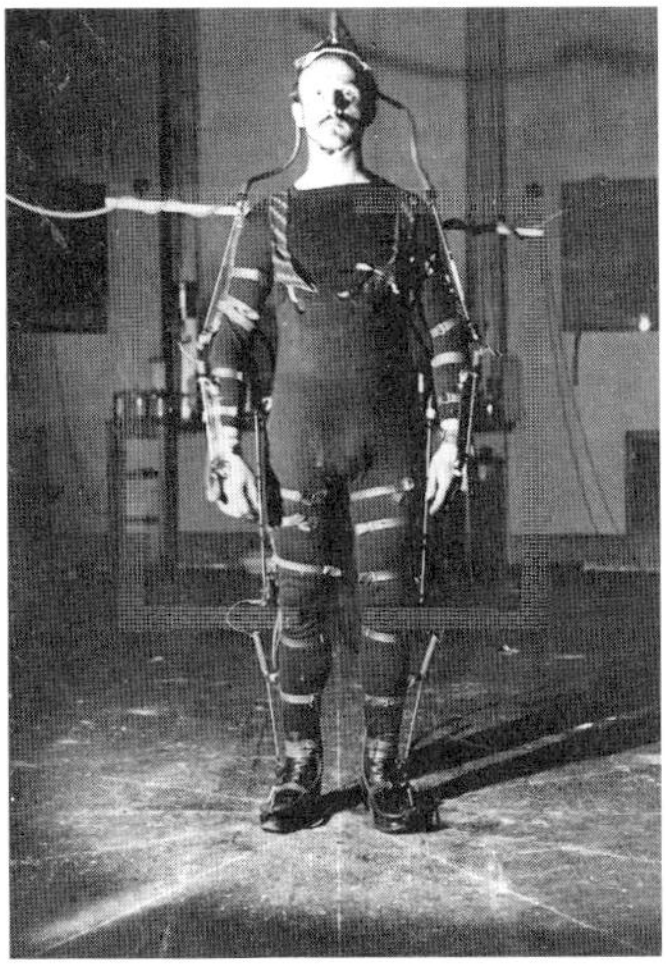

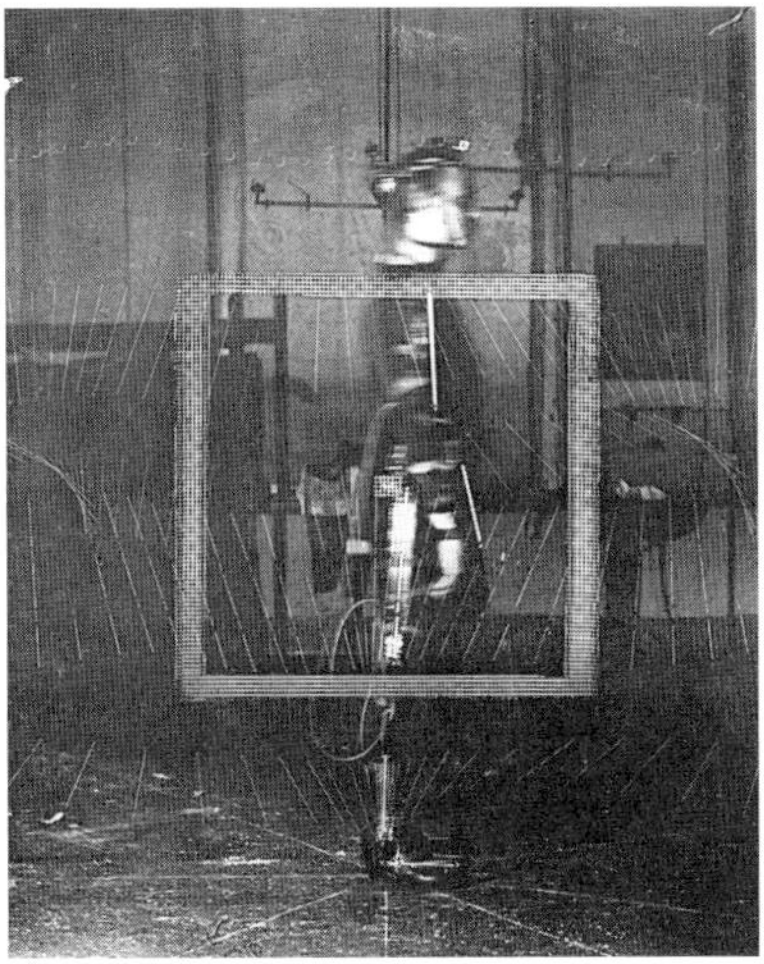

図3　実験用スーツを着用した被写体、それを右側から撮影したもの（Braune and Fischer, 1987, p. 13, 19）

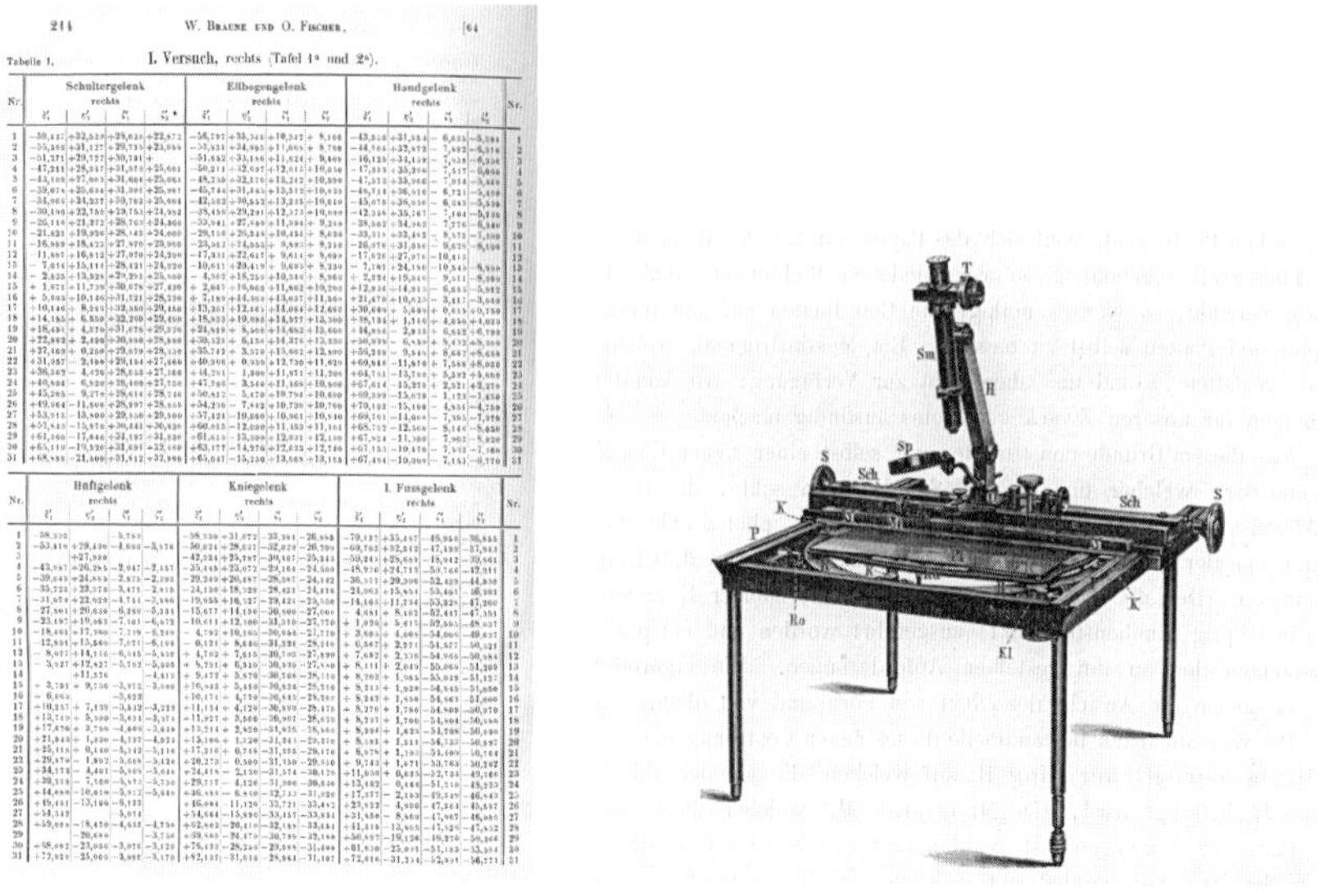

図 4　実験による座標軸の一覧、座標軸の計測に利用された器具（Curtis 2015, p. 57; Braune and Fischer, 1987, p. 39）

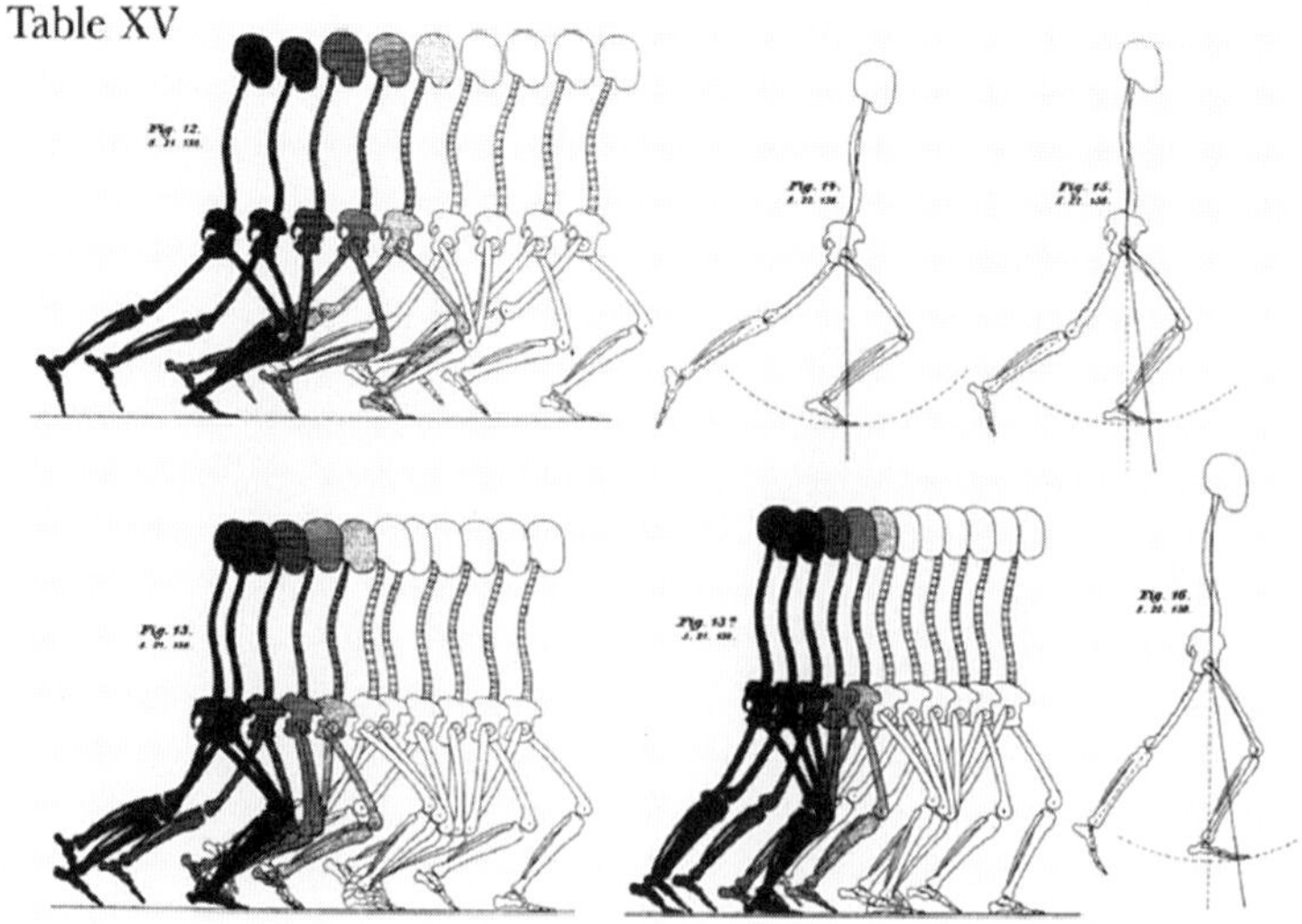

図 5　ヴェーバー兄弟「アニメ化された骨格」1843年（Mayer 2006, 42）

ただし逆に歴史をさかのぼってみれば、動きをめぐる計算可能性の源流は、先の光学玩具の流行と同時期にあたる科学者たちの実践に確認することができるだろう。ブラウンらも重要な先行研究として繰り返し参照するように、一八四〇年代から生理学者や物理学者のヴィルヘルム・ヴェーバーとエドゥワルド・ヴェーバーは、人間の歩き方を大腿骨の運動を振り子運動として理解し、それを三角関数によって数式化しようとする研究を進めていた（図5）。メディア哲学者のフリードリヒ・キットラーは、ここに運動科学として理解すべき「シネマティクス」の源流を指摘する。そのうえで彼らの実践を、マレーやリュミエール兄弟とは異なる映画のもうひとつの起源として、現代のコンピュータ上で作業をするアニメーターやプログラマーと比している。[*16] こうした独自の歴史観が極端に思われるにせよ、ヴェーバー兄弟は当時から実際に、計算式から導き出された歩行モデルをストロボスコープなどの哲学玩具によって確認しようとしていたことが指摘されてもいる。[*17]

かくして運動を計算可能なものとみなす認識の源流もまた、一九世紀前半の光学玩具と物理的な身体の動きとが交錯するところに求められる。そのうえでアニメーション研究者のエドウィン・カレルが述べるように、こうした計算の産物を土台としたところに生命が宿るという逆説的な事態をいち早く理解していたのが、ディズニーとエイゼンシュテインにほかならない。カレルが述べるには、「アニメーションとは定義上、体系的に計算された量的な生産手法による産物である。エイゼンシュテインは、ディズニー初期の音声付き短編が備える可塑的な全能性を称賛したとき、この皮肉のことを嫌というほど理解していたのである[*18]」。その具体例のひとつとして、ディズニー初期の実験的な短編作品シリーズである「シリーシンフォニー」第一作で見事に同期された骸骨たちの踊りが挙げられているが、それもたしかに、ヴェーバー兄弟やブラウンらの試みから連なる系譜のうちに含めることができるだろう。

＊16　Friedrich Kittler, "Man as a Drunken Town-musician", *MLN*, vol. 118 no. 3, 2003, pp. 637–652.

＊17　Andreas Mayer, "Faire marcher les hommes et les images: Les artifices du corps en mouvement," *Terrain* 46, 2006, pp. 33-48. また、この点を含めて本節の議論は、以下の拙著のうち特に第三章とも重複しつつ、異なるかたちで展開したものとなる。増田展大『科学者の網膜——身体をめぐる映像技術論：1880–1910』青弓社、二〇一七年。

＊18　Edwin Carrel, "Biometry and Antibodies: Modernizing Animation/Animating Modernity," *Animism*, ed. Anselm Franke, Sternberg Press, 2010, pp. 57-74. また、セルゲイ・エイゼンシュテイン「ディズニー」（抄訳）今井隆介訳、『表象』第七号、二〇一三年も参照のこと。

さらに付け加えるなら、モーションキャプチャの原型であるロトスコープを発明したフライシャー兄弟による技術工学的な取り組みを想起することもできる。[19]ディズニーのライバルであり、また戦時中には武器の使用方法を解説するアニメーション映像を制作したことで知られる彼らだが、本論の立場から注目すべき作品が、一九二四年発表の『カートゥーン工場』(*Cartoon Factory*)である。この作品のうちでは、電気仕掛けの自動ペンによって描き出された主人公の道化師ココが、オートメーション化した工場で次々と兵士たちの身体を量産していくのであり、そのうちの一体がフライシャー自身の演じる生身の身体として動き始める。すると、彼もまたロボットダンスのようなギクシャクした動きで、みずから兵士の身体を演じつつ次々と壁にアニメーションの兵士たちを描き出し、両者のあいだで見事な掛け合いが繰り広げられるのである――これらのギャグはあたかも、ここまでにとりあげたアニメーションと身体の関係を戯画化するかのようでさえある（図6）。

　こうして二〇世紀初頭のアニメーションは、ここまでに確認してきた科学者の実践や軍事教練に浮かび上がる運動の計算可能性を少なからず引き継ぐものとして捉え直すことが可能となる――その先にあらためて、現在の3Dアニメーションやロボティクスを見据えることも難しくはないはずだ。[20]このような視座からすれば、冒頭にも述べたように、虚構の産物であったはずのロボットがアニメーションの世界から飛び出し、現在までに科学技術として体系化されることも必然的な流れであったというべきかもしれない。では、運動の計算可能性の系譜とは、現在のアニメーションやロボティクスと具体的にどのように関連づけられるのか。この点についていくつかの事例を提示することで、本論の結論に代えることとしたい。

＊19　フライシャーの経歴や実践については、以下を参照のこと。細馬宏通『ミッキーはなぜ口笛を吹くのか――アニメーションの表現史』新潮選書、二〇一三年。宮本裕子『フライシャー兄弟の映像的志向――混沌するアニメーションとその空間』水声社、二〇二〇年。

図6　マックス・フライシャー『カートゥーン工場』(*Cartoon Factory*)、一九二四年

結びにかえて

現在のアニメーションとロボティクスを取り結ぶような事例として、まずは実際に両者に応用される順運動学（Forward Kinematics：ＦＫ）／逆運動学（Inverse Kinematics：ＩＫ）を挙げることができる。これらはロボットアームなどの関節に当たる部分を制御するための計算式のことであり、なかでも順運動学（ＦＫ）とは、体幹から順に角度を決定して連接させていく方法を指す。ただし、普段の私たちは先に目的地となる対象へと手先を伸ばすのが実際のところであり、決して体躯から順に関節を動かしていくわけではない。そこで逆運動学（ＩＫ）とは、目的物へと伸びた手先やつま先から全体の動きを逆算していく方法であり、実際には双方を織り交ぜた設計が進められている。その成果は、私たちがPixar作品を見るたびに冒頭で必ず出合う電気スタンドのルクソーJr.が飛び跳ねてまわる様子にも体現されている。

こうした計算式はまた、３Ｄキャラクターの動きを実現する変数としてＣＧアニメーションの製作過程に組み込まれてもいる。なかでもPixar社で「リギング」と呼ばれる作業は、これをより精緻なかたちで体系化した手続きとみなすことができる。[*21] これはモデリングされたキャラクターなどの立体物内部に、骨格や関節、筋肉ごとに個別に設定された可動域を無数に埋め込む作業を指すのだが、それによってキャラクターたちは滑らかな表情やダイナミックな動きを表現するための物理的な基盤を獲得するのである——こうした制作手法の歴史的な源流となるものを、私たちは身体の歩行運動を九つの計測点へと分解していた先のブラウンらによる作業に確認したのであった。

もちろん、動きを調整するための構造を作り出す作業（リギング）が、物体の形状を造形する作業（モデリング）に後続するものであるならば、それは静止した対象に後から動きを付け加えることのように感じられるかもしれない。しかしながら、この点については日本のアニメーターである

＊20　これも付け加えておけば同じ頃、一九二〇年初版の戯曲で「ロボット」という言葉を世に送り出したカレル・チャペックは、先のエイゼンシュテインに先駆けて、この新たな人工生命が「原形質と呼ばれる生きた物質」から作り出されると書いていた。この点についての魅力的な考察として以下の著作も参照のこと。カレル・チャペック『ロボット（R. U. R.）』千野栄一訳、岩波文庫、一九八九年、一八頁／藤原辰史『分解の哲学——腐敗と発酵をめぐる思考』青土社、二〇一九年。

＊21　その内容は日本でも各地を巡回した展覧会『PIXARのひみつ展』が参考になるが、以下のウェブサイトでも確認することができる。https://sciencebehindpixar.org/pipeline/rigging

森田宏幸が、実際には両者が補完しあうような関係にあることを指摘しつつ、さらに興味深い考察を展開している。そもそもアニメーションを「動きの造形」として定義する森田の考察は、以下の言葉に示されるように、実際に動きを造形する作業が静止した画に先行していることを指摘するものであった。

「絵を動かす」というと、まるで絵を先に描いて、後から動きを付け加えているかのようです。これは動きをつくるプロセスを正確に言い表していません。実際には、絵を描き終わる前に動きを作っていますし、**絵を描き始める前に動きが出来上がっている**ことすらあるのです。*22

ここに指摘された事態は、モデリング（形状）とリギング（構造）の前後関係が決して自明ではないことを示している。そればかりか、「絵を描き始める前に動きが出来上がっている」という興味深い指摘は、アニメーションとロボティクスを架橋するのみならず、動きの計算可能性を追求していた科学者たちの実践にまで通じるものであろう。

実際に現役のアニメーターである森田が、その独自の視点から分析対象としているのもBoston Dynamics社によるロボットの動きである。Spotの前身となった兵站支援用四足歩行ロボットが悪路でバランスを崩したときに立ち直る動きと、接客やコミュニケーション向けに製作された日本のロボットの重心を低くした動きとが比較されると、それぞれが「仕組みからつくる動き」と「見た目を似せてつくる動き」として分類されるのである。こうした比較が、両者のあいだの優劣や文化的な背景の相違を指摘するものでないことは森田自身も指摘するとおりであろう。それはむしろ「動かないもので動きをつくる」ことの魅力をアニメーションとロボティクスが共有しているから

*22　森田宏幸「動きの造形論」『アニメーションの心理学』日本心理学会監修・横田正夫編、誠信書房、二〇一九年、一三六頁、強調は原文による。

にほかならず、これはガニングやラマールが指摘していたような動きを経験することの快楽を製作者の側から捉え直したものと理解することもできるはずである。[*23]

これらの点を踏まえて最後に、冒頭の事例に立ち返ることにしたい。ロボティクスが物理世界へと侵食し、もはや現実の身体と同列に並ぶようになった現在、その生きているかのような動きも、デジタル技術による3Dアニメーションと同様、物理的な実行性を備えたコンピュータによる計算処理によって精密に制御されたものではある。また、そうして実現されたロボットとは異なり、アニメーションとは二次元平面上での出来事でしかないと片付けられるのかもしれない。しかしながら本論が進めてきたのは、このことを単にデジタル以降に可能になったとする技術決定論とは異なり、アニメーションとロボティクスの双方が絡みあう歴史上の軌跡をたどるような試みであった。その結果として明らかになったのは、イリュージョンとしてのアニメーション理解が強化された近代以降、これと並行して運動の計算可能性を追求する科学者たちの実践も連綿と紡がれてきたという事実である。そうしてイリュージョンと計算可能性との系譜が合流する地点から、あらためて二〇世紀以降のアニメーション作品を捉え直す視座を設定することも可能となるだろう。

と同時に、計算可能性をめぐって科学者たちが進めていた執拗なまでの実践もまた、静止した物体でしかないはずの事物が人間の意に沿わないかたちで動いてしまうことへの恐怖や抑圧に由来していたと考えるべきかもしれない。事実、それらの産物が生きている「かのよう」に見えることの不気味さは、運動が付加されたことによるよりも、むしろ動きを計算可能なものとして解体したがゆえに、当の彼ら自身も意図せぬかたちで立ち現れるものであったからではないか。ロボットになり損ねたかのようなブラウンらの模型は、そうした不気味さをありありと提示しており、二〇世紀初頭のアニメーション作品の数々がかくも魅力的である理由は、このことに少なからず自覚的であ

*23　同上、一八七頁。

ったことによるものであった。そして、アニメーションの魅力とは、それが「錯覚」であれ「幻想」であれ、動きの不気味さを楽しむことのできるという能力にこそ求められるはずである。そのとき、「アニミズム」とは単に近代以前への退行や科学的な合理主義の裏面に収まりきるものではあり得ず、近代以降の認識論的な態度の根幹に控える諸々の対立軸——自然と文化、主体と客体、魔術性と合理性など——をも再考するための生産的な概念となるだろう。[*24] 奇怪なロボットたちは愉しげなステップを踏みつつ、このような問いを私たちに突きつけているのである。

＊24 Cornelius Borck, "Animism in the Sciences Then and Now," *e-flux journal* #36, July 2012. https://www.e-flux.com/journal/36/61266/animism-in-the-sciences-then-and-now/
また以下の議論に代表されるように、実際にアニミズムの再考を進める最近の人類学の議論もまた、この文脈において興味深いものとなる。奥野克巳『モノも石も死者も生きている——世界の民から人類学者が教わったこと』亜紀書房、二〇二〇年。

溶けるチーズ考——「原形質性」の微視的分析と逆アニメーション学

細馬宏通

エイゼンシュテインがアニメーションの魅力について記したエッセイで繰り返し用いた「原形質性」[*1]は、アニメーション論において、運動や変形という現象を考えるための鍵概念である。もともと「原形質」ということばは、生物学史上、細胞内の微細構造が未だ不明な時代に作られた語だが、それがゆえに、エイゼンシュテインにとってこの語は、細胞膜とその内部にある生命の源が生み出す「どんな形にでもなることができる」力のイメージの源泉となり、後の論者は、さまざまな事例や思考を脱領域的に接続させるキーワードとしてその力を用いてきた。たとえばガニングはこの語をキーワードとして、映像の本質を、現実の何かを指し示す「インデックス性」にではなく、むしろ「動くイメージ」に求め、その起源を十六世紀、十七世紀の魔術、そして十八世紀のフリップブックに求めた[*2]。今井はエイゼンシュテインのエッセイを精査し、この語を多様な思想やイメージへと接続することを試みた[*3]。増田は、まさに原形質そのものでできている「細菌」に注目し、エミル・コールの「楽しい細菌」の運動におけるスペクタクルを明らかにした[*4]。そして土居はこの語の力を駆使して、現代のさまざまな分野のアニメーションに埋め込まれた運動を横断的に語った[*5]。

一方で、「原形質性」という概念はあまりに広すぎるため、アニメーションのあらゆる運動や変形に当てはまってしまいかねず、個々の事例の分析には不向きな語に見える。

*1　Sergei Eisenstein. *Eisenstein on Disney*, ed. Jay Leyda, Calcutta: Seagull Books, 1986, p. 21.

*2　Tom Gunning, "The transforming image: The roots of animation in metamorphosis and motion," in S. Buchan (ed.) *Pervasive Animation*, Routledge, 2013, pp. 52-69.

*3　今井隆介「〈原形質〉の吸引力——エイゼンシュテインの漫画アニメーション理論」、加藤幹彦（編）『アニメーションの映画学』臨川書店、二〇〇九年、一一—五六頁。

*4　増田展大「原形質のメディ

そこで、本論ではまず、エイゼンシュテインの用いる「原形質性」の由来を確認し、その可能性を損なわない範囲で、この概念で言い当てられようとしている運動や変形を構成する要素は何なのかを絞り込む。次に、その構成要素を手がかりに、一つの事例を分析し、「原形質性」という語が、アニメーションという現象を広く見わたす概念であるだけでなく、アニメーションを微視的に分析する概念としても有効であることを示す。

原形質性を考察するための分析対象として本論で取り上げるのは、日常の写実的なアニメーションで知られる高畑勲監督の作品『アルプスの少女ハイジ』の代表的エピソード、チーズ炙《あぶ》りのシーンである。このシーンにおいて、炙られたチーズの変化を表現したショットが具体的にどのようにアニメーションの運動として描かれるのかを、原形質性の構成要素に注意しながら分析する。さらに分析の対象をショット間、シーン間に広げ、ショットで描かれた原形質性の表現がシーンや物語をどのように駆動していくのかを検証していく。

人体や事物の目の覚めるような変形がほとんど見られないこの作品の分析に、「原形質性」という概念をあえて用いることで、果たして何が明らかになるだろうか。

1　線画の表す可塑性、袋性、内エネルギー性、反重力性

分析に入る前に、「原形質性」という語が、どのような現象を言い当てようとしているのかを、エイゼンシュテインの記述を参照しながら改めて考えておこう。

エイゼンシュテインが「原形質性」という語を本格的に用いているのは、ディズニーに関するエッセイにおいてである。ここでは、その中心となるA：一九四〇年九月二十一日のエッセイ[*6]を主に検討し、補足的にB：一九四一年十一月四日のエッセイ[*7]、C：一九四六年七月八日のエッセイ[*8]も参

ア考古学——エミール・コール「楽しい細菌」をめぐって」『美学芸術学論集10』二〇一四年、二四一—三八頁。

＊5　土居伸彰『個人的なハーモニー——ノルシュテインと現代アニメーション論』フィルムアート社、二〇一六年、二二七—二三三頁。

＊6　Sergei Eisenstein, op. cit., pp. 7-40.

＊7　Sergei Eisenstein, op. cit., pp. 41-46.

＊8　Sergei Eisenstein, op. cit., pp. 63-66.

照しよう。

エッセイAで、エイゼンシュテインは、ディズニーの「人魚の踊り」の変幻自在の表現やモノクロ時代のミッキーマウス、あるいはシリー・シンフォニーにおける変形の魅力を挙げ、さらには『不思議の国のアリス』の挿絵やろくろ首、あるいは、ヴァルター・トリアーのイラストレーションなど、古今東西のさまざまな形に変化する人間の絵を取り上げた上で、それらに共通する魅力は「かつて—そして—永久に割り当てられた形式の拒絶、硬直化からの自由、いかなるフォルムにもダイナミックに変容できる能力である」[*9]とし、この能力を「原形質性」と呼んだ。ディズニー・アニメーションにおいて「絵として描かれた存在は、明確な形式を持ち、特定の輪郭を帯びながらも、原初的な原形質に似たものとなる」。そしてそれは「いまだ「安定した」形式を有さず、どんな形式を呈することもでき、進化の梯子の横木を飛び越して、どんなそしてあらゆる—すべての—動物の形式へと自らを固定させることのできるものである」[*10]。

「原形質性」の性質として何よりも重要なのはエイゼンシュテインがエッセイAで繰り返し述べる「変態（metamorphosis）」もしくは「変形（transformation）」であろう。変態や変形をもたらす性質としてまず思い浮かぶのは「可塑性」である。しかし、可塑性は、原形質性の必要条件ではあっても十分条件ではない。たとえば、粘土がぐにゃりと外からの力によって変形したからといって、そこに原形質性はない。わたしたちが粘土アニメーションに原形質性を感じるのは、アニメーターによって制作の過程で加えられた外力が、アニメーションにおいて不可視のものとなったときに限られており、粘土の可塑性自体が原形質性を表しているのではない。土居が指摘しているように、可塑性とはあくまで「キャラクターの一貫性を保証するために用いられるもの」[*11]に過ぎないのである。

＊9 Sergei Eisenstein, op. cit. p.21（「ディズニー」今井隆介訳（抄訳）、『表象』07、表象文化論学会、二〇一三年、一六〇頁）。

＊10 Sergei Eisenstein, op. cit. p.21（「ディズニー」今井隆介訳（抄訳）、一六〇—一六一頁）。

＊11 土居伸彰「柔らかな世界」、加藤幹彦編『アニメーションの映画学』臨川書店、二〇〇九年、八五頁。

もう一つ、原形質性を考える上で鍵となるのが、エイゼンシュテインがエッセイBやCでディズニーのアニメーションの特質として挙げる「線画」という性質である。[*12] エイゼンシュテインが魅了されたアニメーション作品は、水彩画や墨絵のような淡さによって構成される絵ではなく、輪郭線、および輪郭線で囲まれた領域によって表現されている。線は、閉曲線を成すことによって、膜を境界線として表し、原形質をその内部として（とりわけカラー・アニメーションでは色彩を持った領域として）表す。閉じた輪郭線は、アニメートされることで、可塑的な領域となる。そこで、輪郭線によって閉じられた面が線画アニメーションの中で可塑的に変形し、立体的な事物を想起させる現象を「袋性」と呼んでおこう。

しかし、袋性もまた、原形質性の必要条件であっても十分条件ではない。たとえば水の入ったビニール袋のアニメーションは、原形質性を持たない。それは、ビニール袋の可塑性が、あくまで接地環境と重力の変化によってもたらされる形の変化に過ぎないからである。ここで注目すべきは、エイゼンシュテインが「原初的な原形質の起源」そして「物質がさまざまな形を取りうる力の発現」として「炎」を挙げていることだろう。炎は本来不定形で輪郭を持たないものだが、エイゼンシュテインはそこに形の変化を観る。そして、ディズニーのアニメーションにおいて、（『白雪姫』で鏡の中で燃えさかる火がそうであるように）炎は、黄や橙の色によって示される領域として表される。原形質性をアニメーションで表すには、内的な力によって起こる変形が描かれていなければならない。ラマールのことばを借りるなら、線画アニメーションにおいて原形質性は「外的な限界ではなく、内的な限界もしくは可能性によって[*13]」現れるのである。この内的な力の現れを本論では「内エネルギー性」と呼んでおこう。ここでいう内エネルギー性は、燃焼や生物内で起こる呼吸を含む何らかの内的なエネルギーの生成によって、変形が起こっているように見えることを指す。先

＊12 Sergei Eisenstein, op. cit., p. 41, p. 64.

＊13 Thomas Lamarre, "Animation and animism," in B. Boehrer, M. Hand, & B. Massumi (Eds.), *Animals, Animality, and Literature*, Cambridge: Cambridge University Press, 2018, p. 285.

に書いた粘土アニメーションの特質も、粘土が単に外圧によって変形するのではなく、内エネルギー性を持って変形していくことにあると言えるだろう。

しかし、炎はあくまで原形質性の「原初的な」「起源」であって、原形質性そのものではない。まず、炎は袋性を欠いている。そしてエイゼンシュテインの言う原形質性は、ただ不定型な形を取り続けるのではなく、「進化の梯子段を越えた別の動物」への変態を志向する。内エネルギー的に活動しながら、なおかつ、生物進化がたどるであろう形とは異なる形、異なる生物へと跳躍し変態することを志向してやまない。

志向性は、具体的にどんな現象として現れるだろう。エイゼンシュテインの記述の中で目立つのは、『不思議の国のアリス』やろくろ首への言及に見られるように、首や手足がありえないほど伸びていくことの魅力である。これらの例の興味深いところは、変形によって本来の動物が持っている身体のバランスから著しく逸脱しているにもかかわらず、それらがあいかわらず自立していることである。陸上生物は進化の過程で、重力のある地球上で生存すべく、静止や移動に適した体の構造を獲得してきた。しかし、アリスやろくろ首、あるいはトリアーの描く人物たちは、重力の軛《くびき》から離れて、自由に変形し、なおも生物として自立することをやめない。エイゼンシュテインがその魅力を繰り返し力説する「人魚の踊り」では、海の動物たちは逆に地に足をつけて歩くことによって、海水のもたらす浮力や水流の力をなきものにしてしまう。海馬は海底の馬となり、蛸は海底をゆく象となってすたすた歩き、ヒトデたちは互いに馬跳びをし、水中のカタツムリはオットセイのように玉遊びに興じる。エイゼンシュテインの言う変態や変形の魅力は、単に動物から既存の別の動物に成り代わるという現象を指すのではない。変態や変形は、「形式に対する拒絶」や「硬直からの自由」を表現する。それは、環境中の重力や浮力による制約から逸脱した変形や動きによって表現されるのである。この性質を本論では「反重力性」と呼ぶことにしよう。

以上の考察から、エイゼンシュテインが見出したアニメーション表現における「原形質性」とは、可塑性、輪郭線と色の領域によって表現される袋性、内エネルギー性、そして反重力性を兼ね備えた、変態と変形の表現であると言えそうである。

2 『アルプスの少女ハイジ』第二話の「チーズ」

以上の「原形質性」に関する考察を携えて、具体的な映像分析に入っていこう。

本論の分析で取り上げるのは、『アルプスの少女ハイジ』の第二話、ハイジとおじいさんがチーズを炙るシーンである。小原篤が高畑勲の追悼記事で「あぶったチーズがトロリととろける。ただそれだけなのに、『アルプスの少女ハイジ』放送から四十四年を経て今なお、思い出の名場面として語り継がれる。丁寧な生活描写の中に命の喜びを込める高畑勲監督の作風が、くっきり表れている」[*14]と書いているように、このチーズ炙りのシーンは、ファンの間でしばしば語られる物語序盤のハイライトであり、インターネットで「ハイジ　チーズ」で検索すると、これらの場面の魅力を語る文章や、実際にチーズを再現しようと試みるサイトがいくつもヒットする。描かれているのはあからさまな変態や変形を伴った超現実的な場面ではなく、日常生活のささやかなできごとに過ぎない。しかし、多くの人々が数あるハイジのエピソードの中でこのシーンを特別なものとして語っていることは、観る者を魅了するアニメーションの運動がそこに存在することを示唆している。

炙られたチーズの変形が描かれているのは、第二話の後半に現れる、およそ六秒ほどのショットである。このわずかな時間の間に、三角形をしたチーズは熱で色を変化させ、その角は溶けて丸まっていく。おそらく多くの人を魅了するのは、この、炙られたチーズが見せる思いがけない変形の

＊14　「トロリ溶けるハイジのチーズ　生活に名場面、高畑勲さん」『朝日新聞』二〇一八年四月六日（記者：小原篤）。

ショットである。では、この変形には、人々を魅了するどのような運動が込められているのだろうか。

分析に入る前に、原作でこの場面がどのように表現されているかを確認しておこう。原作からのアダプテーションがどのように行われたかは、アニメーション固有の現象を考える一つの手がかりになるからである。

そして〔おじいさんは〕かまどのところへ行くと、くさりにかかっている大きいほうのなべをどけて、小さいなべをひきよせてから、まるい台座のついた三脚の腰かけにすわって、ふうふう、火を吹きました。火があかるくもえあがって、なべのなかのものがグツグツいいはじめました。すると、こんどは長い鉄の串にチーズの大きなかたまりを突きさしてなべの下の火にかざし、チーズのどの面も黄金色になるまでまわしました。ハイジはなにがどうなるのか一心に見ていましたが、そのときなにか思いついたらしく、さっと立ちあがって戸棚のところへ行きました。〔中略〕

おじいさんはまた鉢になみなみと乳をついで、ハイジの前においてやりました。ハイジはよく焼けてバターのようにやわらかくなっているチーズをパンの上でのばして、せっせと食べました。そのおいしいことったらありません。(『ハイジ』、括弧内は引用者注記)[*15]

高畑勲は、原作のテクストを精密に読み込んだアニメーション表現を行うことで知られている。[*16] このチーズのシーンでも後で見るように「まるい台座のついた三脚の腰かけ」やハイジの「なにか思いついたらしく」といった動作は原作通りに描かれており、さらには炙られたチーズの色が「ど

＊15　ヨハンナ・シュピリ『ハイジ（上）』上田真而子訳、岩波少年文庫、Kindle 版 No. 1022-1039. 1111-1115.

＊16　たとえば『火垂るの墓』のテクストとアニメーションの関係については、以下を参照。細馬宏通「火と幽霊――『火垂るの墓』のアニメーション化について」、中丸禎子・加藤敦子・田中琢三・兼岡理恵編著『高畑勲をよむ――文学とアニメーションの過去・現在・未来』三弥井書店、二〇二〇年、一〇八―一二七頁。

の面も黄金色になる」こと、それが食べる際には「よく焼けてバターのようにやわらかくなっている」ことも表現されている。しかし、炙っている最中にチーズがどのように変形していくかについては原作には記されておらず、アニメーションの作為が入る余地がある。

さらに興味深いのは、アニメーションで描かれているチーズが、現実のチーズを模倣したものではないという点である。描かれているチーズの表面には、いくつもの孔があいている。これはエメンタールという種類に特有の特徴であり、アニメーションのファンなら即座に『トムとジェリー』でジェリーがおいしそうに食べているチーズを想起する形をしている。多孔は、アニメーション史の中ではチーズらしさを表す極めて記号的な表現なのであり、このシーンのチーズはそれをなぞったものだとひとまず言えるだろう。

ここで問題なのは、現実のエメンタールにはシーンの要である「とろーり」と溶ける性質はないということである。溶けるのは、むしろチーズ・フォンデュなどに用いられるラクレットというチーズに特徴的な性質である。さらに、おじいさんはもっぱら牛ではなく山羊を育てており、彼の作るチーズは山羊の乳から作られているのだが[*17]、エメンタールもラクレットも原料は牛乳である。

以上のことから、この場面のチーズは、原作で記されているチーズや現実のチーズをなぞったものではなく、チーズのさまざまなイメージを組み合わせた上でアニメーターの想像力によって描かれたものであると言える。アニメーターによって表現された変形が観る人々を魅了するという点、しかも現実にはない変形がそこに描かれているという点で、チーズ炙りの場面はエイゼンシュテインの言う「原形質性」を考える上でうってつけの例だと直観できる。しかし、この場面は本当に、先に挙げた原形質性のアニメーション条件を充たしているだろうか。もし充たしているとしたら、それはどのようなあり方によってだろうか。これらの点を考えるために、以下、チーズ炙りのシー

*17　ヨハンナ・シュピリ、前掲書、Kindle版No. 2077-2084。

ンをショット分析していこう。

3 「チーズ炙り」のショット内分析

図1は、チーズ炙りのシーンの中の、チーズの溶ける過程をアップで描いた1ショットである。このショットの中で、チーズの変形はどのような描かれ方をしているだろうか。

変形過程において、チーズの形は一貫して、切り口を示す明るい黄色の領域と、やや暗い底面の領域とに描き分けられている。これら二つの領域が維持されることで、変形の間も、チーズはあくまでチーズとしての袋性を保って見える。変形は大きく四つのフェーズに分けることができる。フェーズa（図1a）は静止状態で、チーズには二つの孔が空いており、まだ三角の状態を保っている（〇・三六秒）。二つの孔の配置は、どこか生きものめいた雰囲気を漂わせており（偶然にも、この作品のアニメーターである宮崎駿がのちに描いた『もののけ姫』の「こだま」を想起させる）、鑑賞者は、このチーズに、微かなアニマシー（生物性）を感じる。そして、この孔は、チーズが溶ける過程を可視化する装置でもある。フェーズb（図1b）では、輪郭が変化するだけでなく、孔の消失が消失することによって、溶解の過程が目にも明らかになる。形だけでなく、色彩も重要である。原作に記されていた「黄金色になるまで」という表現が表すように、チーズの切り口および底面は明るい色へとゆっくり変化していき、溶解の度合いを可視化している。

ここまでのチーズの変化は、熱によるごく受動的なものである。これに対して、興味深いのはフェーズc以降の光の表現である。まずフェーズc（図1c）ではチーズの表面に白い光沢部分が出現する。この光沢は細く長く、下へと伸びていく。それとともに、チーズの底面下部の部分が広がり、溶けたチーズが重力によって下に垂れ下がりつつある様子が描かれる。そしてフェーズd（図

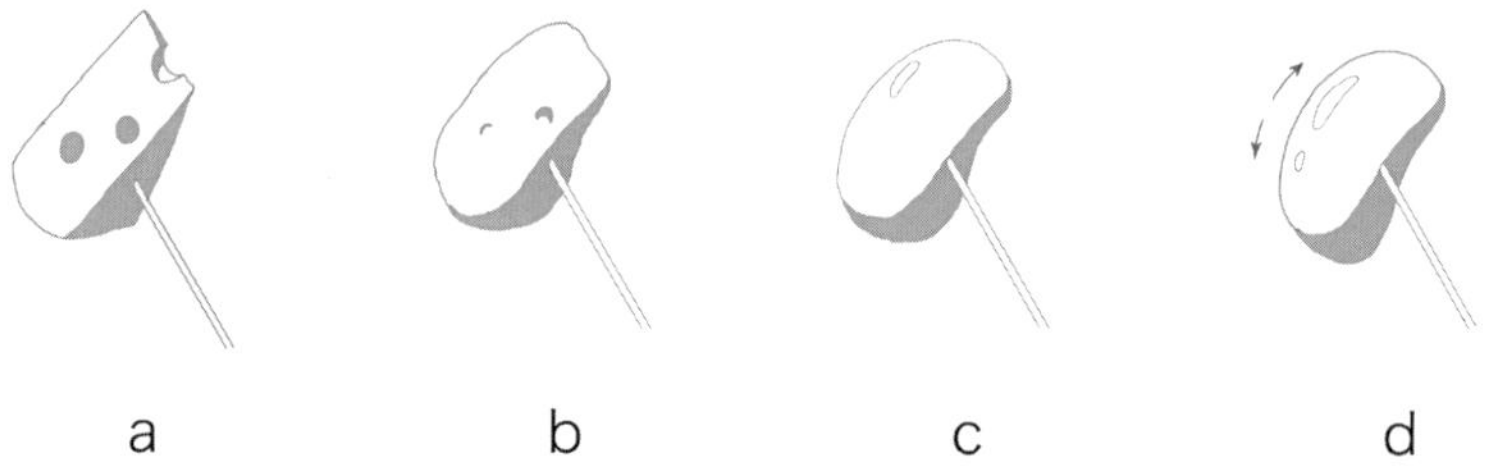

図1　『アルプスの少女ハイジ』第二話後半冒頭のショット6で描かれたチーズの変形。大きく、a：変形前、b：孔の消失と変形、色彩変化の開始、c：光沢の出現、d：光沢部分の分離、の4つのフェーズに分かれる。（細馬による模写）

図2　『アルプスの少女ハイジ』第二話後半冒頭シーンのショット構成。図1のショットを含む7つのショットから成る（細馬による模写）

1d）では、白い光沢部分が真ん中で二手に分かれて広がる。このフェーズでは、チーズはただ上から下に垂れ下がるのではなく、あたかも内部から熱によって変化したかのように、真ん中から運動し始めている。このとき注目すべきは底面である。もしチーズがただ重力に従って変形するならば、底面は、真ん中部分の変化に応じてさらに大きく下へと垂れ下がるはずである。ところが、フェーズdにおいて、底面は全く変化していない。そのことで、チーズはその切り口では大きく変形しながら、底はあくまでそれまでのチーズの形を保つという反重力的な運動が表現されているのである。

フェーズaからdにかけて、チーズは生きものめいた袋性の風貌を可塑的に変化させていく。そして、その変化はフェーズcからdで描かれる光沢表現を伴うことで、内エネルギー性を帯びる。真ん中の変形とは対照的に底面が安定していることによって、あたかも胴体の形を保ったまま首だけ伸びていく不思議の国のアリスのように、反重力性を表す。かくして、『アルプスの少女ハイジ』のチーズの変形は、エイゼンシュテインの言う「原形質性」の構成要素をことごとく帯びるのである。

4 「チーズ炙り」のシーン分析

では、このチーズをアップで描いたショットに見られる原形質性は、どのようなシーンの文脈に置かれており、続くショットにどのような影響を与えているだろうか。この問題を考えるために、ショットの連鎖、すなわちシーン全体の構造を見てみよう。

チーズを炙るシーンは第二話後半のCM明け直後に始まり、以下の七つのショットによって構成されている（図2）。末尾カッコ内はショットの時間長（秒数）を表している。

1　煙（三・五）
2　薪と火（三・〇）
3　丸い台座に座るおじいさんと横から何かをのぞきこむハイジの後ろ姿。二人の前で煙が上がっている。（三・〇）
4　チーズのクローズアップ。（三・〇）
5　ハイジのミドルショット。ハイジ「はぁー」（息混じりに感嘆）。（二・五）
6　チーズの変形のクローズアップ。（六・〇）
7　チーズをかざすおじいさんとハイジ。ハイジ「わぁー、おいしそう。うっふ。はっ」。あたりを見回して駈け出す。（四・九）

まず目立つのは、チーズの変形を描いたショット6の長さである。ショット1〜5が二・五秒から三・五秒であるのに対し、ショット6には六秒が費やされており、他のショットに比べてチーズの変形をじっくりと鑑賞するよう設《しつら》えられていることがわかる。

次に興味深いのは、ハイジとおじいさんの姿を描くマスターショットの前に、ショット1、ショット2で、不定形の煙と火が描かれていることである。煙と火の運動は、色によって示される境線の絶え間ない変形の連続として描かれ、原初的な原形質性を表している。そしてショット3では、その不定型な煙の前で、おじいさんとハイジがなにごとかを見つめているが、二人に動きはなく、ただ煙だけがゆっくりとアニメートされている。ショット4では変化しないチーズが描かれるのだが、これに対してショット5のハイジは、「はぁー」と声を発するものの、映像は静止画が用いられている。ハイジは目を見開き口を開いたまま、その表情は運動することはない。すなわち、ショット1〜5では、動きを伴った原初的な原形質性（煙と炎）と、動きのない人物とが対比されているのである。

そして、ショット6において、チーズの変形が原形質性を帯びた直後、ショット7でハイジは再び「わぁー」と声を上げるのだが、ここで注目すべきは、ショット4とは対照的に、口が声とともに開閉していることである。ここから、人物に全く動きのなかったこのシーンはにわかに活性化する。ハイジは「おいしそう」と口を動かしながら言った直後、まばたきをし（このまばたきも、ショット5にはなかった）、あたりを見回して何かを探しに行くように駆け出す。ハイジは目の前のチーズの変化に対して、ただ感想を述べただけではなく、あたかもチーズの原形質性に突き動かされたかのように、口から目へ、目から全身へと、自らの身体に運動を伝播させるのである。

以上のように、ハイジのチーズ炙りのシーンは、原形質性の特徴である可塑性、袋性、内エネルギー性、反重力性を描いているだけでなく、原初的な原形質性を表す不定形の煙、炎によって導入されており、さらには、ハイジの運動へと、突如接続される。言い換えれば、アニメーションの原形質性が登場人物の情動を賦活し、人物の活動をもたらしているように見えるのである。

5　シーン間分析、日常のサスペンス

最後に、このチーズ炙りのシーンを、さらに長い時間単位で、すなわち『アルプスの少女ハイジ』第二話全体の中で位置づけてみよう。第二話は、ハイジがおばさんとともに、おじいさんの山小屋にたどりついた直後の話である。気難しいおじいさんはすぐにはハイジを受け入れるわけではなく、問いかけにも短い返事しかしない。

ショットP（図3）

ハイジ　わあ、大きなお鍋（鍋の匂いをかいで）わあ、チーズの匂いね。

おじいさん　そうだ。

ショットQ

ハイジ（戸棚に駆け寄って上の棚をのぞきながら）じゃあ、ここにあるチーズおじいさんが作ったの？

おじいさん　うむ。

ハイジ　あたしも作りたいなあ、チーズ。

「あたしも作りたいなあ」というハイジの願望とも誘いかけともとれることばにおじいさんは答えない。ショットPで描かれる、ハイジの背丈ほどの高さに吊されている大きな鍋は、二人のやりとりによってチーズを作るためのものであることが示されるが、それが実際にどのように使われるものなのかは描かれない。チーズという印象的なことばは、鑑賞者の期待を文字通り宙吊りにしたままで、物語は屋根裏でのベッド作りのエピソードへと移る。干草にシーツを敷いてベッド作りをするうちに、おじいさんとハイジは少し打ち解ける。これが第二話前半一一分のできごとである。

そして、（放映時では、前半に続くCMの後の）後半の冒頭、先に述べたチーズ炙りのシーンになる。ここでもう一度、図2のショット3を見てみよう。おじいさんとハイジが煙の前でなにごとかを見つめている、その左に、ショットPで登場した大きな鍋が吊されている。鑑賞者は、このさり

図3　『アルプスの少女ハイジ』第二話前半に現れる、チーズを作る大鍋のショット（細馬による模写）

げない配置に、さきほどから宙吊りに（サスペンディッド）されていた、チーズに関する何らかのできごとを予感する。ところが、ハイジは、その大鍋ではなく、煙の方を注視している。いったんは予感をはぐらかされた鑑賞者の眼前に、ショット4と6で、串に刺したチーズが大写しになり、鑑賞者は小さなショックを受ける。そして、ショット7でカメラ位置はハイジの向かい側へと移り、ハイジが「わあ、おいしそう」とはしゃいでいる右奥には、同じ鍋が吊されている。このレイアウトによって、炙られたチーズと大鍋との関連性がさりげなく示される。

ハイジが魅入られたチーズは、この大鍋によって作られたのであろう。しかし、大鍋が実際にチーズ作りの道具として活躍するのは、第七話であり、それまでの間、鑑賞者はこの大鍋が描かれるたびに、そこから微かに匂ってくるであろうチーズの香り、そして「トロリととろける」チーズを想起ながら、物語を見ていくことになる。炙られたチーズという一つのショットに表れた原形質性は、ショットを含むシーン全体の原形質性を賦活させるだけでなく、長い物語において、鑑賞者の期待を持続させるイメージの核になるのである。

6　逆アニメーション学、チーズという生きもの

以上、アニメーションの原形質性が、チーズという小さな日常的な事物を描く表現にどのように表れるか、そこでは、可塑性、袋性、内エネルギー性、反重力性という性質がどのように見出されるかについて示し、さらに一つのショットの原形質性が、シーンの中で、あるいはシーン間で何をどのように賦活しているかについて述べた。ショットの中で描かれていたのは、山羊のチーズとも既成の牛乳のチーズとも違う、アニメーターの想像力によって描かれたアニメーションの運動である。物語の主人公であるハイジのみならず、鑑賞者であるわたしたちもまた、その幻のチーズの原

形質性によって賦活され、ありえないはずのチーズが溶けるさまを自分でも体験したいとまで思うようになる。アニメーションは鑑賞者が現実に体験する運動をシミュレートするのではなく、アニメーションの運動によって鑑賞者の現実感を更新する。

認知科学では、現実から網膜の二次元像を生む光学に対して、二次元の網膜像をもとに三次元を推測する過程を「逆光学（inverse optics）[*18]」と呼んでいる。また、最近の3Dアニメーションでは、関節の動きから体全体の運動を計算する運動学に対して、望ましい姿勢や運動から逆に関節の動きを計算することを、ロボティックスの用語を援用して「逆運動学（inverse kinematics）[*19]」と呼んでいる。逆光学や逆運動学は、情報の不足したいわゆる「不良設定問題[*20]」である。限られた手がかりから三次元構造や関節の運動を一意に決めることはできないが、それゆえに、現実にはありえない表象や運動を生み出す可能性を持つ。これらの術語に倣って、現実を模倣しアニメーションを生む営みに対して、アニメーションの運動によって鑑賞者の現実感を更新する過程を、ここでは「逆アニメーション学（inverse animation）」と呼んでおこう。アニメーターの想像するアニメーション運動は、逆アニメーション学的振舞いによって、鑑賞者の現実感を更新し、鑑賞者は逆アニメーション学によってもたらされた現実感と現実との差によって情動を賦活される。その結果、ある者はアニメーションの中のできごとを実際に再現しようと試み、ある者は聖地に出かけ、そこでありえたかもしれないできごとを幻視しようとするのである。

二つの孔のあいたチーズは、微かなアニマシー（生物性）をほのめかしはするものの、生きものそのものではなく、エイゼンシュテインの言う生物の進化の跳躍を厳密に表現しているわけではない。しかし一方で、この物語におけるチーズは、別の意味でアニマシーを帯びている。このチーズは、単に店先に置かれている食物ではなく、山羊から得た乳を煮詰め、それを発酵させて作ったも

*18　Tomaso Poggio, Vincent Torre. "Ill-posed problems and regularization analysis in early vision," *AI Memo* 773, MIT AI Lab, 1984.

*19　A. Aristidou, J. Lasenby, Y. Chrysanthou, and A. Shamir, "Inverse Kinematics Techniques in Computer Graphics: A Survey," *Computer Graphics Forum* 37, 2018, pp. 35-58.

*20　Tomaso Poggio, Vincent Torre. op. cit.

のであり、その山羊は、毎日ハイジやペーターとともに山を上り下りし、草を食む動物である。チーズは、アルプスの山々という垂直的な生態系（それは『アルプスの少女ハイジ』オープニングの第二ショットで描かれる光景でもある）を象徴する動物から搾り取られた固形物であり、それが熱によって溶けながらなおも重力に抗しているさまは、単に事物が輪郭を失いつつあるというよりも、動物から搾り出されたエキスが溶けながら次なる新たな形へと移行しつつある、いわば動物の原初のように見える。『アルプスの少女ハイジ』で描かれるチーズの変形が、ハイジのみならず鑑賞者の情動を賦活させるのは、チーズのもたらす新たな生成の予感が、ハイジの新しい日々の予感、彼女の成長と重なるからではないだろうか。

第Ⅳ部

記号論の諸相

研究論文

学習の方法としての「対話」――パースにおける自己と共同体の成長

佐古仁志

はじめに

チャールズ・サンダース・パースは「すべての思考は対話の形式をとっている」(CP. 6.338)と書いているように、思考が展開されるプロセスとしての「対話」を重視し、探求を駆動するものと考えている。しかし、パース自身による「対話」への言及は断片的であり、理論的に整備されていない。そのため本稿では、パースの「対話」の要点が、自己と共同体の双方を含むエージェントの自律的な制御、つまり、習慣を形成する学習の方法であることを示す。また、様々な対話実践を参照することで、パースの「対話」がそれらをつなぎ、自己と共同体を成長させる学習の土台をなすことを明らかにする。

パースの「対話」は、ユルゲン・ハーバーマスによるパースへの言及(Habermas 1995)に代表されるコミュニケーション論における利用や、ジョージ・ハーバート・ミードを経由した文化心理学や社会学における対話的自己論への展開(Valsiner 2005)、さらには、ミハイル・バフチンの「対話主義(dialogism)」(Laas 2016)との比較研究など多様な展開がなされている。本稿ではその中でもヴィンセント・コラピエトロ(Colapietro 1989)が指摘している自己および習慣の観点からの考察に注目する。

コラピエトロ（Ibid.）が指摘するように、パースの「対話」には、自己における（内的な）対話の段階、共同体の形成における（外的な）他者との対話の段階、それら二つが「習慣」において統合される段階という三つの段階がある。本稿ではこのコラピエトロの議論を導きの糸にし、クリックとボディ（Crick &Bodie 2016）が示すパースの「対話」のプロセスに関する考察を参照することで、「対話」が自己および共同体を成長させるプロセスであることを確認する。

それから、哲学対話やオープンダイアローグといった対話実践や一人称研究など広い意味での学習研究との関係について考察し、これらの対話実践をパースの「対話」、さらには習慣形成プロセスの具体例とみなす。そうすることでプラグマティズムの核心である難解な語や抽象的概念の意味を確定する習慣形成（EP 2: 400）を肉付けし、様々な対話実践をつなぐ土台となりうることを提示する。

1 パースにおける「対話」――自己と共同体をつなぐ「習慣」

a 「自己」の三つの段階

コラピエトロ（Colapietro 1989: 90–91）は、パースが一九〇五年に書いた「プラグマティズムとは何か」の次の一節をとりあげることで、パースの思索における「自己（the self）」には「自分自身と対話する存在」という一貫性があると主張する。

ここで二つのことがらを確認し、念頭に置くことがきわめて重要である。第一に、人格

> (person)は絶対的に分割することのできないもの(individual)ではないということである。人間の思考とは、そのひとが「自分自身に話しかけている」こと、すなわち、時間の流れのなかでまさしく立ち現れてくるその別の自己に話しかけることである。ひとが推論するとき、その批判的自己こそをひとは説得しようとしているのである。そして思考は何であれすべて記号である。〔…〕第二に念頭に置くべきことは、人間の社会という集まりは(どれほど狭くあるいは広く理解されようとも)、ある種の緩やかにまとめられた人格なのであり、いくつかの点で、分割することのできない有機体としての人格より高次のものである。(CP. 5.421)[*1]

コラピエトロ(Colapietro 1989: 91-92)は、パースが一八六〇年代後半に、この一節の第一の洞察、つまりは自己との対話に到達した一方で、一八九二年の「精神の法則」(CP. 6.102-63)において、第二の洞察、つまりは、アガペーという愛を原理にしたひとつの共同体という人格的状態に達したと考える。そのうえで、一九〇五年頃にそれら二つの洞察が、自己を①未来志向的であり、②発展的目的論的であり、そして③意味の進化するプロセスである、すなわち「習慣」に整合的に結実したとみなしている。また、このことから、パースが「自己」を、初期の段階のような説得という盲目的な意志の力(force)による抑制の焦点としてだけでなく、自律的な制御を育成する力能(power)の中心としても見なすようになったと主張している。

b　「対話」の二つの機能

パースの「対話」概念は、コラピエトロが指摘しているように、「自己」概念と同時的に展開されたと考えることができる。一八六〇年代後半における「対話」は、第一の洞察、つまりは個人内

*1　コラピエトロは触れていないが、この引用された一節に続く部分から、パースが質問者とプラグマティシストとの対話という形式で記述を行っていることは非常に示唆的である。

での対話であり、たとえそれが正しいとしても説得という強制的な仕方で自己に働きかける力（force）により駆動されている。最終的に従うことになるとしても、そのような外部の力に抵抗する仕方、つまりは外部からの刺激を抑制する方法の変化にその要点がある。

それに対し、一八九〇年代の第二の洞察としての「対話」は、個人間の対話であり、パース自身の記述はまとまり（共同体）を人格とみなすことに主眼があるように思われる。しかし、この洞察の要点は、コラピエトロ（Colapietro 1989: 92）も指摘するように「開かれていること（openness）」にあり、他者を外部のものとして排除しようとするのではなく、アガペーにより、他者を受け入れることで外部へと開き、変化することにある。

パースにおける「対話」は、最後にそれらふたつが「習慣」において結びつくことで、外部からの説得（驚きや抵抗）に対して批判的に吟味しつつも、相手を外部のものとして排除するのではなく、そのような外部に対して自らを開き、あらたな自己（共同体）へと成長させる点にある。

ただし、このようなパースの「対話」についての記述は、それぞれ断片的になされているにすぎず、パース自身が明確にそれぞれの段階の「対話」について定義し、「習慣」と関係づけているわけではない。そのため、パースにおける「習慣」、特に一九〇五年頃における「究極的な論理的解釈項としての習慣」と「対話」の関係[*2]、さらに、パースの成熟した「対話」について次の節で考察する。

*2 コラピエトロ（Colapietro 1989: 93–94）はここでなぜかデウィット・パーカー（Dewitt parker）による焦点的自己とマトリクス的自己の区別を参照しているが、本稿ではパース自身の「習慣」の観点から考察する。

c 「対話」をつなぐ「習慣」

「究極的な論理的解釈項としての習慣」は、きっかけとして外的世界からの作用（驚きなどの「抵抗」）を必要とするものの、内的世界における数々の相対的な未来への予期（想像）を経て、その振舞いの傾向に影響を与えるよう身につけられるものである。そして、このような「習慣」形成により知的概念の意味が確定されることになる（佐古 2014）。

プラグマティズムの核心でもあるパースのこの「習慣」の要点は三つある。一つめは、パースが強制力はゆるやかで、わずかばかりの努力で大きく姿をかえるうる内的世界と、否応なしの強制で満ちた、変更するには筋肉運動によるほかはない外的世界という二つの世界を前提していることであり[*3]、二つめは、内的世界で行われた予測が外的世界における応答へとフィードバックされるため、日常の習慣とは異なり、身体的には繰り返されることがないただ一度の驚きでも「習慣」を形成可能であることである。そして三つめが、その予測（想像）において、アガペー的な共感が機能しており、個人の想像の産物だけではなく、身体を通じた他者への共感も含まれていることである[*4]。

このような「習慣」は、アガペー的な共感の働きにより、それまでにたどってきた個人的経験だけではなく、社会的経験（文化や制度など）をも自己へと組み込むことになる。その結果、パースにおける「対話」は、「習慣」の積み重ね（良識）としての「批判的自己（critical self）」と、外部からの説得（驚きや抵抗）とともにそのような批判的自己に疑問を投げかける「革新的自己（innovative self）」[*5]との対話ということになる。そして、それらの対話において、個人としても共同体としてもあらたな「習慣」を生み出すことで学習し、成長することになる。

2 「対話」のプロセスとその目的

このような「対話」は何に向けて、どのように展開されているのであろうか。クリックら

＊3　二つの区別は相対的なものにすぎず、精神と物質のような二元論ではない（佐古 2014）。

＊4　ここでの「共感」については佐古（2014）を参照のこと。

＊5　「革新的自己」はコラピエトロ（Colapietro 1989: 94）による造語である。

(Crick et al. 2016: 279) は、先にみたコラピエトロの解釈を引き受けつつ、ガダマーやハーバーマスなどを利用する従来のコミュニケーション理論の対話の要点が、二者の間での開かれた共有を通じた相互理解、つまりは調整の倫理であると指摘する。そのうえで、パースにも場の共有など従来の理論と一致する点があることは認めつつも、その主眼は他者を理解することではなく、他者とともに疑念を解決する探求にあると主張する。その意味で、パースの「対話」は探求という、より大きな発見・解決のプロセスの一部であり、推論の技術にかかわることになる。

クリックら (Crick et al. 2016: 279-280) がピーター・オックスから着想を得て「対話」のプロセスとして注目するのが、パースの仮説的結合 (colligation)、反復 (iteration)、抹消 (erasure)、観察 (observation) の四つの概念であり、演繹、帰納、アブダクションという三つの推論がそのプロセスの進行に重要となる。仮説的結合は、複数の前提を結合することでひとつの主張を作り上げる方法であり (EP 2: 45)、観察は、単なる感覚作用や気づき以上のもので、強制的な仕方で思考や注意を促し、仮説的結合における変容を確認するものである (EP 2: 46-47)。そして、反復と抹消は、仮説的結合を実験的に修正、操作するものである。反復は単なる複製ではなく、少しずらしを含んだ反復であり、そうすることで仮説的結合を新たな仕方で見る機会を与える。他方、抹消は重要で中心的な結論に焦点を当てるために必要のない反復などを排除する (EP 2: 45)。

このような探求 (「対話」) のプロセスが、規則と事例から結果を必然的に導出する演繹、事例と結果から規則を導き出す帰納、規則と結果から事例を導出するアブダクションといった推論と深い関係にあるのは、クリックら (Crick et al. 2016) のようにシェイクスピアの『ヴェニスの商人』における対話を持ち出すまでもなく[*6]、パース自身がそれぞれの説明のなかでリトロダクション[*7] (アブダクション) や帰納に触れていることからも明らかである。つまり、アブダクションを働かせるこ

*6 たしかにパースは、対話と推論の関係について『ヴェニスの商人』のゴボーの独り言に言及してはいるが (EP2: 402)、推論形式との関係については触れていない。

*7 アブダクションの別名。詳細については佐古 (2018) を参照のこと。

とで仮説的結合を行い、反復や抹消を行うことで仮説を演繹的に変形し、観察を行うことでその重要な要素（規則）を帰納するという形になっている。もちろん、クリックら（Ibid.: 282）が触れるように、アブダクションと演繹のやりとりのなかで探求が進むこともあるので、この順番どおりに推論しなければならないわけではない。

そして、このような探求のプロセスは、クリックら（Ibid.: 284-287）が指摘するように、自律的制御という「対話」の効果と結びつくとき、倫理学や美学というパースにおける規範学と関係を持つことになる。以前確認したように（佐古 2019）、パースは規範学において自己制御が「最高善」に向けてなされると述べており、「対話」の目的も同様であるといえる。しかし、「規範学において共同体が目指すこととなる「最高善」は完全な状態としてではなく、完全な状態へと近づけるための熟慮のプロセスの（想像上の）到達点として機能する」（Ibid.: 172-173）ものであり、その意味で「対話」を通じた自己制御は、その目的自体が成長する発展的目的論と呼べる。また、同時にクリックら（Crick et al. 2016: 286-287）が主張するように、「対話は私たちが自分たちの環境を〔…〕秩序付けられたものにする心的公式を創りだす手助けをする」ものということになる。

3　学習場面における「対話」

ペッシェ（Pesce 2018）は以上のように特徴づけられるパースの「対話」が、批判的学習やデューイの探求の論理などとの関係で有効な役割を果たすと主張している。ここでは、「対話」が学習の現場で利用されている「哲学対話」「オープンダイアローグ」「一人称研究」についてそれぞれ検討する。そうすることで、これらの実践をパースの「対話」の具体例とみなすことができると指摘するとともに、パースの「対話」がこれらの対話実践を相互に結びつけるための土台を提供するものであることを示す。

a 哲学対話（こども哲学）

日本の哲学対話教育の主唱者のひとりである河野哲也が「こども哲学と呼ばれているものの直接的な起源は、ほとんど彼にあると言って過言ではない」（河野 2014: 72）と述べる「子どものための哲学（Philosophy for Children / P4C）」の創始者であるマシュー・リップマン（Lipman 2003: 20–21）は、「探求の共同体」という考えがパースに由来するものであると述べている。また、探求の共同体における論理学の重要性や批判的思考において自己修正（自己制御）が果たす役割についてもパースとの関係で論じている。

リップマンは、従来の知識の伝達観に基づく教育を批判し、「生徒たちが敬意を持ちつつ互いに意見を聞き、互いの意見を生かしながら、理由が見当たらない意見に質問し合うことで理由を見いだし、それまでの話から推論して補い合い、互いの前提を明らかにする」（Ibid.: 20）という反省的枠組み、つまりは批判的思考の重要性を主張する。

そのうえで、批判的思考においては、演繹的な真理を保存する推論の働きだけでなく、むしろそれ以上にメタファーやアナロジーの働きに代表される翻訳、つまりは、意味を保存する思考の働きが重要であると述べる（Ibid.: 54-56）。というのも、「探求の共同体は、規則と先例が役立たないところで物事に決着をつける役割を受け入れて」おり、「この役割は批判と想像を組み合わせることによって果たせる」（Ibid.: 123）からである。

以上のようなリップマンによる子どものための哲学における探求の共同体と反省的思考の重要性

の強調は、明らかにこれまでみてきたパースの「対話」と密接な関りがある。つまり、子どものための哲学の対話では、広い意味でのアブダクションに含まれるメタファーやアナロジーといった想像の働きを通じて、共同体のほかのメンバーの経験を想像しながら、反省的・批判的な仕方で問題の所在が明らかにされる。この点でパースの「対話」における「批判的自己」の側面を育成することに主眼が置かれているといえる。

他方で、教育の分野におけるパースの思索は、プラグマティズム、特に、デューイを経由したものとなっており（Ibid.: 92-93）、その点で「対話」のもう一つの要素である「革新的自己」の側面が十分には検討されていない。このような「革新的自己」を実践の現場で重視しているものとして、次にオープンダイアローグについて検討する。

b　オープンダイアローグ（未来語りのダイアローグ）

近年、精神医療やケアの分野で注目を集めているオープンダイアローグ（Seikkura et al. 2003）は、北欧のフィンランドが発祥の対話の技法・システムであり、バフチンの「対話主義」とベイトソンの思想に依拠して展開されている。その中心は医師や看護師だけでなくケアワーカーなど関連する多分野からなるチームを組織することで、患者をソーシャルネットに接続するという社会的システムの側面と、患者の生活の場でのミーティングという手法の側面とにある。

ここでは、このオープンダイアローグともう少し長期のスパンで問題解決をはかる「未来語りのダイアローグ」について、それぞれの開発者であるセイックラとアーンキル（Seikkura et al. 2006）の主張の要点を確認する。セイックラらはパースには言及していないものの、彼らが参照するバフチン研究者のホルクウィスト（Holquist 1990）は、様々な点でバフチンとパースの対話の類似性について論じている。また、ムラデノフ（Mladenov 2016）は、バフチンとパースが共に三項関係を前提にしていると指摘したうえで（Ibid. 62-64）、その共通点として「開かれていること」と「未完であること」（Ibid. 70）をあげている。そのため、本稿ではこれらをパースの思想（「対話」）の「革新的自己」、つまりは習慣に抵抗や驚きを生じさせるものの実践例として考えたい。

セイックラら（Seikkura et al. 2006）は、専門家が自分の正しさを主張することで相手を受け身にし、制御しようとする語りのことをモノローグと呼ぶ。そしてこのようなやり方では回路が閉じてしまい、同じところを回るだけで問題が解決しないと指摘し、その解決には、参加者たちが新たな行動に踏み出すための「あいだ」が必要であると主張する。

そのうえで、バフチンの「対話」、特に多声性、完結不可能性を参照することで、あたらしい考えは参加者個々人の頭のなかではなく、ひとととの「あいだ」で、「最初はこれまで使われてきた歴史の中で豊かな意味をたくわえてきた言葉を「借りてきて」使っているのであるが、やがて対話をする者たちはその言葉の意味を今現在の独自の状況にあったものにつくりあげていく」（Ibid.: 108-109）と考えている。

セイックラらはこのように精神医療の分野における問題の多くが、閉じられたネットワーク（共同体）にとどまっていることによるものであると考え、オープンダイアローグにおいては、それまで排除されていた患者にそのネットワークを開くことで混沌の整理をはかり、問題の解消を目指す。他方で未来語りのダイアローグでは、ミーティングにおいてファシリテーター（対話が促進するように、対話の場で構造化・調整する人）の助けを借りて自分の望ましい未来を想像することで、つまりは、自身を未来へと開くことで視点を転換し問題の明確化をはかっている。

リップマンの「探求の共同体」においては、その共同体のメンバーとして認められるためには暫定的であるとしても探求の方法を受け入れる必要がある（Lipman 2003: 46）。その意味で、対話は共同体の内部で行われるものであり、共同体のメンバーがそれぞれ持っている前提の検討はなされるものの外部に開かれているとはいいがたい。それに対して、これらのダイアローグの試みにおいては、自らを外部へと開き、あらたな場（「あいだ」）を創りだすことで対話を成立させ、問題の解決や明確化をはかっている。つまり、自己（共同体）に対する外部からの異議申し立て（パースの言葉を使うならば「抵抗」や「驚き」）に向き合うことで、外部へと開き自己（共同体）を成長させようとする点で、革新的自己の試みのひとつととらえることができる。

c　個人における「対話」としての一人称研究

以上で見てきた哲学対話は批判的自己の実践と、オープンダイアローグと未来語りのダイアローグは革新的自己の実践と見なせる。他方で共同体における対話実践に対し、パースにおける自己対話の実践と考えることができるのが、諏訪正樹と藤井晴行が提唱している「一人称研究」（諏訪・藤井 2015）である。この「一人称研究」はボーリングのスコアの上昇から利き酒にまでいたるパフォーマンスの「研究」であり、身体のパフォーマンスの向上を、言語を媒介とするモデルと身体との相互作用のなかで試みている。*8

諏訪・藤井（Ibid.: 86-87）は学びの理論として、反復練習を認めつつも「自分のことばを紡ぐこと」、つまりは、ものとしての自分の身体をうまく動かすための〈自分なりの意識（ことば）〉を自分で見出す「自分ごと」の重要性を主張し、このように体感とことばとを結びつける方法を「からだメタ認知」（Ibid.: 96）と呼んでいる。

このような「からだメタ認知」は、木村敏がモノゴトと呼んだ、一方で客観的に観測可能な事実

＊8　諏訪・藤井（2015）はパースに言及していないものの、記号やシンボルなどの用語を使用し、池上嘉彦や坂本百大に言及している。

や要素からなるモノの世界と、他方でそれに対する主体的解釈としてのコトの世界とが平等な関係のもとに、共に創り創られるプロセス、つまり共創をもたらしていると説明することができる（Ibid.: 105）。すなわち外部のものに接した時の生まの認識が言葉により分類されることで体験、さらには習慣になるということである。

諏訪・藤井のポイント（Ibid.: 106–119）をまとめるならば、モノの世界で問題に出くわすことで体感をことばに紐づけ（図1）、それをコトの世界で連想し（図2）、今度は逆に新しく生まれたことばを体感に結びつけることで問題の解決を図る（図3）。このような繰り返しがなされているということになる。ポイントは、このようなモノとコトとの世界がそれぞれ別の階層で独自に駆動しながらも、その境界面である「あいだ」において相互作用することでそれぞれのシステムが遅れを伴いながら変化し、互いに再帰的な仕方で影響を及ぼし合うという点にある。そして、そのようなループの繰り返しのなかで、包括的シンボルと呼ばれるその体感を代表する表現が生まれることになる（図4）。

このように説明される「一人称研究」は、これまでのパースの「対話」、さらには「探求」の議論と非常にパラレルな関係になっていることが明らかである。つまり、モノの世界（外的世界）の刺激（違和感）に対し、体感に紐づくことばによりコトの世界（内的世界）が仮説的に形成され展開され、外的世界で実行される。その繰り返しのなかでその刺激（違和感）を解消する体感全体を代表する包括的シンボル（究極的な論理的解釈項としての習慣）が形成される。加えて、ことばシステムと身体システムとが連想により拡張されるという仕方は、まさにアブダクションや帰納といった推論で用いて外部へと開く方法であるということができる。

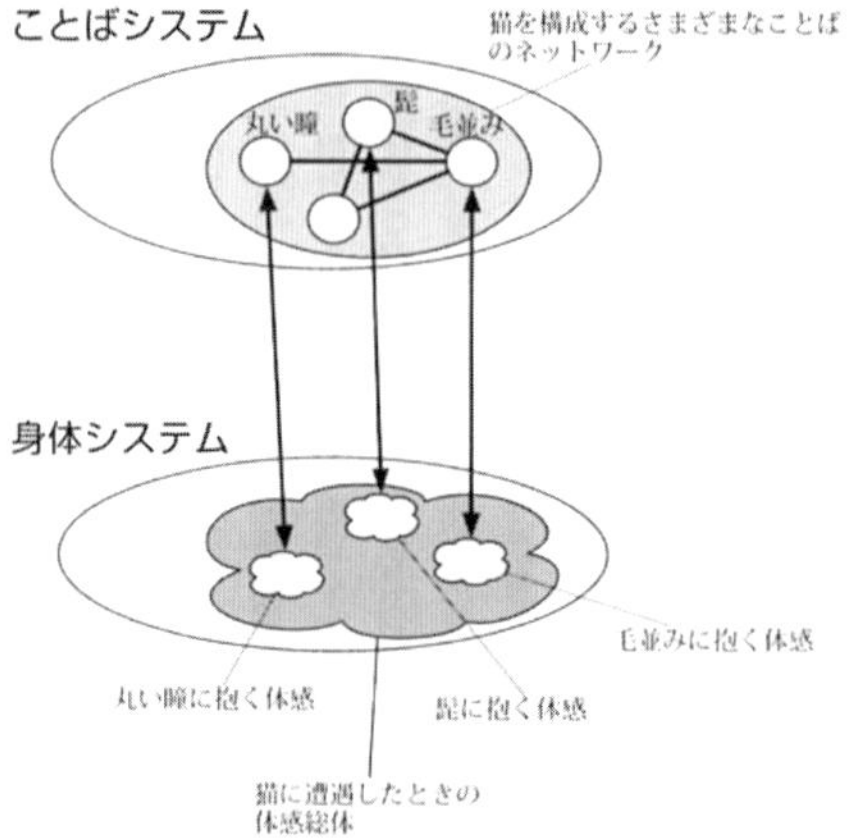

図 1　ことばとそれに対応する体感を紐づける（諏訪・藤井 2015：108）

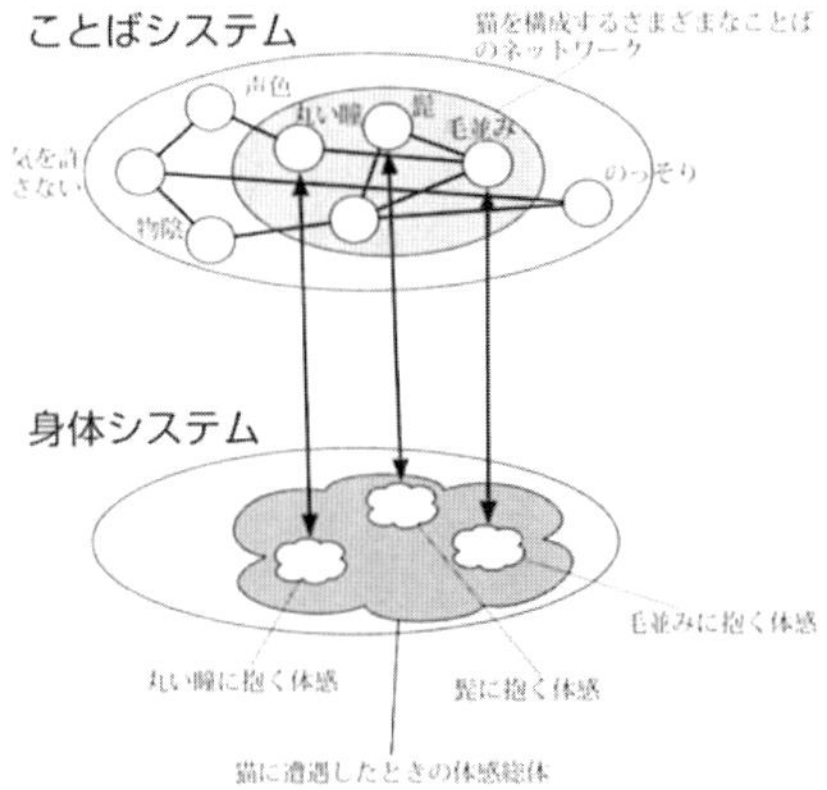

図 2　ことばがことばを生む（諏訪・藤井 2015：112）

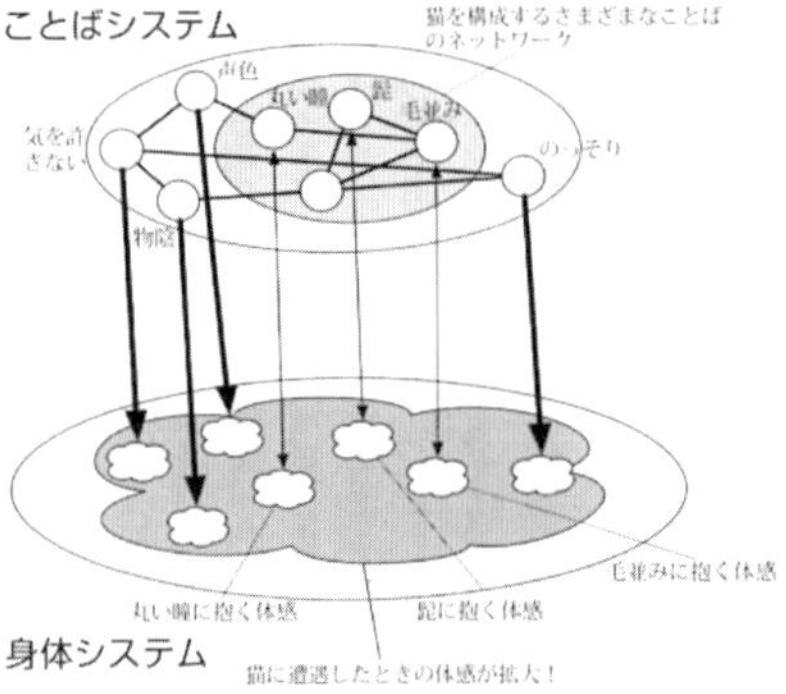

図 3　新しく生まれたことばをからだで感じて体感を生成する（諏訪・藤井 2015：112）

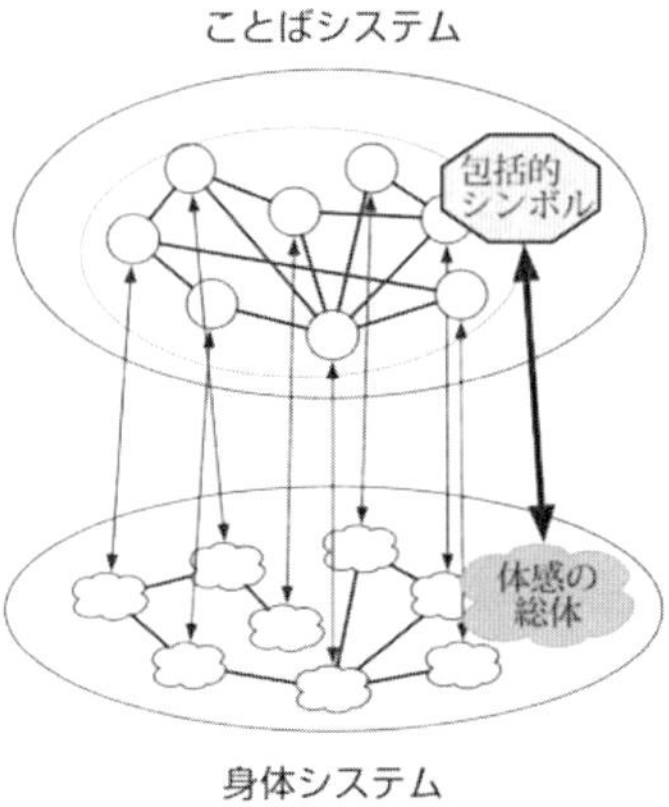

図 4　包括的シンボルの体感の誕生（諏訪・藤井 2015：118）

ことばと身体の共創による体感の言語化

おわりに

これまで見てきたように、パースの「対話」は、未来において生じる問題に対応できるようにエージェントを自律的に制御する学習の方法であり、①自分（あるいは自分たち共同体）に対して外部から問いかけてくる問題、あるいは問題を構成している前提を問い直すことで、そのような外部からの刺激を抑制しようとする批判的自己の働きと②そのような外部からの刺激を批判的に吟味しつつも、アガペーという愛の力により選択的な仕方で内部へと取り込む革新的自己の働きからなる。そして、これら二つの働きからなる「対話」は、「最高善」に向けた「探求」のプロセスへと組み込まれることで、推論能力を駆使しながら、エージェントに自らの環境を秩序付ける経験の履歴としての「習慣（倫理あるいは善）」を取り入れさせ、その「習慣」を共有するより大きなエージェントである共同体を構築する。

以上のようにパースの「対話」は、自己と共同体とをつなぐ「習慣」の働きにより成長（学習）を促す方法であると言うことができるし、近年注目を浴びつつある哲学対話やオープンダイアローグ、一人称研究は、それぞれ批判的側面、革新的側面、あるいは自己性を強調した形でのパースの「対話」の実践であると考えることができる。また、その意味でパースの「対話」は、多くの場合別々に論じられているこれらの対話実践を有機的に結びつける土台になりうる。

その一方で、パースが焦点を当てていない問題点あるいは役割に注意する必要がある。それは対話を行うための「共同体」への参加を「善」とすることにより、悪しき全体主義あるいは同調圧力のようなものを肯定することになってしまうのではないかということである。この点について、パースにおいては「最高善」が目指されており、「信念の固め方」（CP. 5. 358-387）で論じられているように、全体主義や同調圧力と見なしうるような権威の方法は、他の共同体という外部（二次性）と接することにより効力を失うことになるので、最終的には問題にはならないと言える。加えて、フックウェイ（Hookway 1985: 151）が知覚論との関係で指摘するパースとヘーゲルとの違い、つまりはパースがヘーゲルと違い二次性を重視していたという点を考えるならば、本稿で検討することができなかったバフチンの多声性と二次性との関係、つまりは「他者の声」（二次性）について開かれているとはどのようなことかを考察することで対処可能だと考えられる。

とはいえ、現在を生きる私たちにとっては一時的とはいえそのような状態になることは無視できない。この点について、パースのプラグマティズム（探求）の核心が「難解な語や抽象的概念の意味を確定するためのひとつの方法」（EP 2: 400）にあるという主張をふまえるならば、私たちがライフステージに応じて自分が所属する共同体を変更するように、自分とその共同体の疑念（問題）とが一致しない場合、さしあたりそのような共同体から離脱する可能性が担保されていることが必要となるだろう。

パースの「対話」は、問題を解決するための探求（学習）のプロセスをなすものであり、批判的視点を特徴とする哲学対話、外部の視点に開かれているオープンダイアローグ、一人での対話を可能にする一人称研究といった様々な対話実践を包括する土台を提供しうるものである。全体主義や同調圧力のような問題に対しても、「対話」を通じて概念が明晰化されることで解決策が示されることを期待して本稿を終えたい。

謝辞
本研究は科研費新学術領域研究 No. 17H06346「トランスカルチャー状況下における顔身体学の構築——多文化をつなぐ顔と身体表現」の助成を受けたものです。

参考文献

Colapietro, V.（1989）*Peirce's Approach to the Self: A Semiotic Perspective on Human Subjectivity*, Albany, NY: SUNY Press.

Crick, N., & Bodie, G.（2016）"I says to myself, says I: Charles Sanders Peirce on the components of dialogue," *Communication Theory* 26(3), 273-289.

諏訪正樹・藤井晴行（2015）『知のデザイン――自分ごととして考えよう』近代科学社

Habermas, J.（1995）"Peirce and communication", in K. Laine Ketner（ed.）, *Peirce and Contemporary Thought*, New York: Fordham University Press, pp. 243-266.

Hookway, C. J.（1985）*Peirce*, London: Routledge and Kegan Paul.

河野哲也（2014）『「こども哲学」で対話力と思考力を育てる』河出書房新社

Laas, O.（2016）"Dialogue in Peirce, Lotman, and Bakhtin: A comparative study," *Sign Systems Studies* 44(4): 469-493.

Lipman, M.（2003）*Thinking in Education* 2nd ed., Cambridge: Cambridge University Press.（河野哲也・土屋陽介・村瀬智之監訳『探求の共同体――考えるための教室』玉川大学出版部、二〇一四年）

Mladenov, I.（2006）*Conceptualizing metaphors*, London and New York: Routledge.（有馬道子訳『パースから読むメタファーと記憶』勁草書房、二〇一二年）

Peirce, C. S.（CP）*Collected Papers of Charles Sanders Peirce*, vols. 1-6, Charles Hartshorne and Paul Weiss（eds.）, vols. 7-8, Arthur W. Burks（ed.）, Cambridge, MA: Harvard University Press, 1931-1935, 1958（引用は巻数とパラグラフ・ナンバーで表記）

――――（EP）*The Essential Peirce: Selected Philosophical Writings*, ed. by N. Houser, C. Kloesel, and The Peirce Edition Project, 2 vols., Bloomington: Indiana University Press.（引用は巻数とページ数で表記）

Pesce, S.（2018）"Signs, Significance and Semioses in the Classroom," *Semiotic Theory of Learning: New Perspectives in the Philosophy of Education*, Abingdon: Routledge.
佐古仁志（2014）「究極的な論理的解釈項としての「習慣」とパースにおける「共感」」『叢書セミオトポス⑨　着ること／脱ぐことの記号論』新曜社、一九〇―二〇三頁
――（2018）「「投射」を手がかりにした「アブダクション」の分析と展開」『叢書セミオトポス⑬　賭博の記号論』新曜社、一四四―一五八頁
――（2019）「「自己制御」とその極としての「希望」あるいは「偏見」――パースにおける「共同体」」『叢書セミオトポス⑭　転生するモード――デジタルメディア時代のファッション』新曜社、一六六―一七九頁
Seikkula, J., & T. E. Arnkil（2006）*Dialogical meetings in social networks*, London, UK: Karnac.（高木俊介、岡田愛訳『オープンダイアローグ』日本評論社、二〇一六年）
Seikkula, J. & M. Olson（2003）"The open dialogue approach: Its poetics and micropolitics," *Family Process* 42: 403-418.
Valsiner J.（2005）"Scaffolding within the structure of Dialogical Self: Hierarchical dynamics of semiotic mediation," *New Ideas in Psychology* 23: 197-206.

資料　日本記号学会第三九回大会について

「アニメ的人間――ホモ・アニマトゥス」

日時：二〇一九年五月二五日（土）、二六日（日）

場所：早稲田大学戸山キャンパス（東京都新宿区）

（所属はすべて当時のもの）

一日目：五月二五日（土）

（33号館3階　第1会議室）

13時30分　受付開始

14時00分―14時30分　総会

14時40分―15時00分　問題提起：大会実行委員長　橋本一径（早稲田大学）

15時00分―17時30分

第1セッション「研究者ですが、アニメを浴びるように観ています――アニメーション・アトラスの試み」

石岡良治（早稲田大学）

小山昌宏（筑紫女学園大学）

ディスカッサント：小池隆太（山形県立米沢女子短期大学）

司会：細馬宏通（早稲田大学）

18時00分―20時00分　懇親会（早稲田大学戸山キャンパス　カフェテリア38号館1階）

二日目：五月二六日（日）

10時00分―12時15分　学会員による研究発表

分科会A（33号館4階　437教室）

司会：水島久光（東海大学）／外山知徳（静岡大学名誉教授）

「〈CreativeGenome〉プロジェクトについて」佐々木淳（AOI TYO Holdings）

「不気味の谷底――「のようなもの」の感性論」伊藤京平（立命館大学）

「ビーア（S. Beer）のサイバネティクス理論の現代的評価へむけて――初期思想におけるパース（C. S. Peirce）の意義を中心に」河井延晃（実践女子大学）

「直接知覚と間接知覚の統合としてのパースの知覚論――批判的常識主義の観点から」佐古仁志（立教大学）

分科会B（33号館3階　333教室）

司会：佐藤守弘（京都精華大学）

「文芸翻訳における間文化的移行の問題性に関して」エスカンド・ジェシ（大阪大学）

「SF作品から窺う「慈愛的監視社会」」山口達男（明治大学）
「モンスターに触れること――『キング・コング』における接触のモティーフについて」大崎智史（神戸大学）

14時00分―15時30分
第2セッション「キャラクターを動かす――現代アニメにおける「作画」」（36号館3階382［AV2］教室）
林明美（アニメーター・演出家）
溝口彰子（法政大学）
司会：小池隆太（山形県立米沢女子短期大学）

16時00分―18時30分
第3セッション「アニメーションはアニミズムか？――アニメ的人間の未来」（33号館3階　第1会議室）
細馬宏通（早稲田大学）
増田展大（立命館大学）
コメンテーター：石岡良治（早稲田大学）
司会：橋本一径（早稲田大学）

18時30分　閉会の辞：前川修会長（神戸大学）

執筆者紹介

石岡良治（いしおか よしはる）
一九七二年生まれ。東京大学大学院総合文化研究科博士課程単位取得退学。早稲田大学文学学術院准教授。批評家・表象文化論・ポピュラー文化研究。著書に『視覚文化「超」講義』（フィルムアート社、二〇一四年）、『「超」批評 視覚文化×マンガ』（青土社、二〇一五年）、『現代アニメ「超」講義』（PLANETS、二〇一九年）など。

小池隆太（こいけ りゅうた）
一九七一年生まれ。大阪大学大学院言語文化研究科博士後期課程単位取得退学。現在、山形県立米沢女子短期大学教授。専門は記号学、物語構造論。著書に『マンガ研究 13講』（共編著、水声社、二〇一六年）、『アニメ研究入門［応用編］――アニメを究める11のコツ』（共著、現代書館、二〇一八年）、『越境する文化・コンテンツ・想像力――トランスナショナル化するポピュラー・カルチャー』（共著、ナカニシヤ出版、二〇一八年）、『メディア・コンテンツ・スタディーズ――分析・考察・創造のための方法論』（共著、ナカニシヤ出版、二〇二〇年）など。

小山昌宏（こやま まさひろ）
一九六一年生まれ。情報セキュリティ大学院大学情報セキュリティ研究科博士後期課程修了。博士（情報学）。現在、筑紫女学園大学教授。専門は情報社会学、メディア論。著書に『戦後「日本マンガ」論争史』（現代書館、二〇〇七年）、『宮崎駿マンガ論――『風の谷のナウシカ』精読』（現代書館、二〇〇九年）、『情報セキュリティの思想』（勁草書房、二〇一一年）、編著に『マンガ研究 13講』（共編著、水声社、二〇一六年）、『アニメ研究入門［応用編］――アニメを究める11のコツ』（共編著、現代書館、二〇一八年）など。

佐古仁志（さこ さとし）
一九七八年生まれ。大阪大学大学院人間科学研究科博士課程単位取得退学。博士（人間科学）。東京交通短期大学専任講師。専門は生態記号論。著書・論文に『知の生態学的転回3 倫理』（共著、東京大学出版会、二〇一三年）、「批判的常識主義に基づくパースの知覚論――直接知覚と間接知覚をつなぐ二重のアブダクション」（『叢書セミオトポス15』日本記号学会編、二〇二〇年）、「「自己制御」とその極としての「希望」あるいは「偏見」――パースにおける「共同体」」（『叢書セミオトポス14』日本記号学会編、二〇一九年）、翻訳にジョン・R・サール『意識の神秘』（共訳、新曜社、二〇一五年）など。

橋本一径（はしもと かずみち）
一九七四年生まれ。東京大学大学院総合文化研究科博士課程修了。早稲田大学文学学術院教授。ナント高等研究所フェロー。思想史、表象文化論。著書に『指紋論――心霊主義から生体認証まで』（青土社、二〇一〇年）、編著に『〈他者〉としてのカニバリズム』（水声社、二〇一九年）、訳書にJ＝N・ミサほか編『ドーピングの哲学』（新曜社、二〇一七年）、アラン・シュピオ『フィラデルフィアの精神』（勁草書房、二〇一九年）など。

林 明美（はやし あけみ）
アニメーター、演出家。一九九二年に動画デビュー。アニメ『SLAM DUNK』シリーズや『ナースエンジェルりりかSOS』（一九九五―一九九六年）、『少女革命ウテナ』（一九九七年）などの人気作に参加。『フルーツバスケット』（二〇〇一年）や『同級生』（二〇一六年）、『Banana Fish』（二〇一八年）では、キャラクターデザインと総作画監督を担当。ガイナックス、カラーに所属後、現在はフリーで活動中。

細馬宏通（ほそま ひろみち）
一九六〇年生まれ。京都大学大学院理学研究科博士課程修了。博士（動物学）。滋賀県立大学教授を経て現在、早稲田大学文学学術院教授。専門は会話とジェスチャーの分析、一九世紀以降の視聴覚メディア研究。著書に『うたのしくみ 増補完全版』（ぴあ、二〇二一年）、『いだてん噺』（河出書房新社、二〇二〇年）、『二つの「この世界の片隅に」――マンガ、アニメーションの声と動作』（青土社、二〇一七年）、『介護するからだ』（医学書院、二〇一六年）、『ミッキーはなぜ口笛を吹くのか――アニメーションの表現史』（新潮選書、二〇一三年）など。

前川 修（まえかわ おさむ）
一九六六年生まれ。京都大学大学院文学研究科修了。現在、近畿大学文芸学部教授。専門は写真論、映像論、芸術学。著書に『イメージのヴァナキュラー』（東京大学出版会、二〇二〇年）、『イメージを逆撫でする』（東京大学出版会、二〇一九年）、『痕跡の光学』

（晃洋書房、二〇〇四年）、『インスタグラムと現代視覚文化論』（共著、BNN新社、二〇一八年）など。

増田展大（ますだ　のぶひろ）
一九八四年生まれ。神戸大学大学院人文学研究科退学、博士（文学）。現在、九州大学大学院芸術工学研究院講師。専門は美学・芸術学、映像メディア論。著書に『科学者の網膜――身体をめぐる映像技術論：1880-1910』（青弓社、二〇一七年）、『クリティカル・ワード　メディア論』（共編著、フィルムアート社、二〇二一年）、翻訳にトム・ガニング『映像が動き出すとき――写真・映画・アニメーションの考古学』（長谷正人監訳、共訳、みすず書房、二〇二一年）など。

溝口彰子（みぞぐち　あきこ）
クィア視覚文化研究者。米国NY州ロチェスター大学大学院でPh.D.取得。著書『BL進化論――ボーイズラブが社会を動かす』（太田出版、二〇一五年）、『BL進化論〔対話篇〕――ボーイズラブが生まれる場所』（宙出版、二〇一七年）で二〇一七年度「センス・オブ・ジェンダー賞特別賞」受賞。映画やアートについても執筆。早稲田大学ほか、複数の大学で講師をつとめる。

英語でのBL論書籍を準備中。

日本記号学会設立趣意書

最近、人間の諸活動において（そして、おそらく生物一般の営みにおいて）記号の果たす役割の重要性がますます広く認められてきました。記号現象は、認識・思考・表現・伝達および行動と深く関わり、したがって、哲学・論理学・言語学・心理学・人類学・情報科学等の諸科学、また文芸・デザイン・建築・絵画・映画・演劇・舞踊・音楽その他さまざまな分野に記号という観点からの探求が新しい視野を拓くものと期待されます。しかるに記号学ないし記号論は現在まだその本質について、内的組織について不明瞭なところが多分に残存し、かつその研究が多数の専門にわたるため、この新しい学問領域の発展のためには、諸方面の専門家相互の協力による情報交換、共同研究が切に望まれます。右の事態に鑑み、ここにわれわれは日本記号学会（The Japanese Association for Semiotic Studies）を設立することを提案します。志を同じくする諸氏が多数ご参加下さることを希求する次第であります。

一九八〇年四月

日本記号学会についての問い合わせは
日本記号学会事務局
〒一〇一‐八三〇一
東京都千代田区神田駿河台一‐一
明治大学研究棟二二三号室
高馬京子研究室内

[日本記号学会ホームページURL]
http://www.jassweb.jp/

記号学会マーク制作／向井周太郎

叢書セミオトポス16
アニメ的人間
インデックスからアニメーションへ

初版第1刷発行　2022年5月31日

編　者　日本記号学会
特集編集　橋本一径
発行者　塩浦　暲
発行所　株式会社　新曜社
〒101-0051　東京都千代田区神田神保町3-9
電話(03)3264-4973・FAX(03)3239-2958
e-mail：info@shin-yo-sha.co.jp
URL：https://www.shin-yo-sha.co.jp/
印刷所　星野精版印刷
製本所　積信堂

Printed in Japan ISBN978-4-7885-1774-5 C1010

好評関連書

日本記号学会編〈叢書セミオトポス15〉
食《めし》の記号論　食は幻想か？
レヴィ＝ストロース「料理の三角形」から、食べないこと、家庭料理、マンガ「目玉焼きの食べ方」、ヘボ（スズメバチ）追いなどまでを題材に、「食の記号論」を大展開。
Ａ５判２１２頁
本体２７００円

日本記号学会編〈叢書セミオトポス14〉
転生するモード　デジタルメディア時代のファッション
かつてファッションはパリコレや、『ヴォーグ』『エル』などに主導されてきたが、現在、ネットには写真投稿による「ファッション」であふれている。モードは何処へ？
Ａ５判１８８頁
本体２６００円

日本記号学会編〈叢書セミオトポス13〉
賭博の記号論　賭ける・読む・考える
「賭ける」という人類発生とともにある行為はなぜかくも人々を魅了し続けるのか。その魅力と意味を、哲学的、メディア論的、そして記号論的にと多面的に考察する。
Ａ５判１８２頁
本体２６００円

日本記号学会編〈叢書セミオトポス12〉
「美少女」の記号論　アンリアルな存在のリアリティ
我々の周りは美少女のイメージで溢れている。このヴァーチャルな存在になぜ惹かれるのか。美少女は我々をどこに連れて行こうとしているのか。この誘惑的現象を読み解く。
Ａ５判２４２頁
本体２８００円

日本記号学会編〈叢書セミオトポス11〉
ハイブリッド・リーディング　新しい読書と文字学
本あるいは紙と、電子の融合がもたらすグラマトロジーの未来は？　スティグレール、杉浦康平などの思想と実践を参照しつつ、「読むこと」「書くこと」を根底から問い直す。
Ａ５判２８０頁
本体２９００円

日本記号学会編〈叢書セミオトポス10〉
音楽が終わる時　産業／テクノロジー／言説
デジタル化、ＩＴ化などで従来の「音楽」概念が通用しなくなろうとしているいま、音楽は何処へ？　「ヒトとモノと音楽と社会」の関係を最先端の実践のなかにさぐる試み。
Ａ５判２２０頁
本体２８００円

新　曜　社

好評関連書

日本記号学会編〈叢書セミオトポス9〉
着ること／脱ぐことの記号論
着るとは〈意味〉を着ることであり、裸体とは〈意味の欠如〉を着ること。だからこそ脱ぐことは、かくもスリリングなのだ。「着る／脱ぐ」の記号過程を根源的に問い直す。
Ａ５判２４２頁
本体２８００円

日本記号学会編〈叢書セミオトポス８〉
ゲーム化する世界　コンピュータゲームの記号論
ゲームは私たちをどこへ連れて行くのか？　すべてがゲーム化する現代において、ゲームを考えることは現実を考えることである。ゲームと現実の関係を根底から問い直す。
Ａ５判２４２頁
本体２８００円

日本記号学会編〈叢書セミオトポス７〉
人はなぜ裁きたがるのか　判定の記号論
裁判員制度にともなう法廷の劇場化、スポーツにおける判定のリミット化、震災・原発事故後の判定〈判断〉ミス……。判定のスペクタクル化ともいえる状況の根源を記号論的に照射。
Ａ５判２４８頁
本体２８００円

神田孝治・遠藤秀樹・松本健太郎編
ポケモンＧＯからの問い　拡張される世界のリアリティ
リリース以来、世界中を魅了し、功罪まとめて話題となったポケモンＧＯ。その問いかけに、哲学、社会学、観光学、メディア論、宗教学など様々な分野の研究者が真摯に応答する。
Ａ５判２５４頁
本体２６００円

松本健太郎編
理論で読むメディア文化　「今」を理解するためのリテラシー
フーコー、ドゥルーズからスティグレール、ラトゥールなどの理論を起点に、激変するメディア状況を読み解き、「今」を生きるためのツール＝リテラシーを提示する。
Ａ５判２８８円
本体２８００円

松本健太郎著
デジタル記号論　「視覚に従属する触覚」がひきよせるリアリティ
私たちは一日にどれくらいポータブル端末に触れているだろう。そこでは視覚以上に触覚が重要な役割を果たしている。デジタル化時代の新しい感性、リアリティを鮮やかに描出。
Ａ５判２７８頁
本体２８００円

（表示価格は税別）

新　曜　社